交通事故外傷と後遺障害 全322大辞典

III

下肢の障害

実際に等級を獲得した後遺障害診断書

交通事故110番
宮尾一郎 著
Miyao Ichiro

かもがわ出版

後遺障害診断書 30 例の解説

本CDには、実際に等級を獲得した30例の後遺障害診断書を収録しています。
また、それぞれに、立証のポイントなどの解説を付けています。

現実の交通事故では、複数の部位を受傷することが日常的であり、実際の後遺障害診断書を解説するとき、部位別に分類・整理することは不可能です。
そこで、すべての傷病名を明らかにして、大雑把に7つに分類しております。
その点をご理解いただければ、なによりの幸いです。

CD-ROMに収録した「実際に等級を獲得した後遺障害診断書」の分類は巻末総もくじの後に掲載しています。

はじめに

私が初めて、『交通事故　後遺障害等級獲得マニュアル』を出版したのは2005年3月です。

2006年3月には、『自動車保険　約款の解説・活用マニュアル』
2009年5月には、『交通事故　後遺障害等級獲得マニュアル改訂増補版』
2011年5月からは、『部位別後遺障害診断書』に取り組み、2014年8月に全6巻を、その間の
2014年4月には、『解決のための交通事故チェックリスト』を出版させていただきました。
これも、我慢強く待っていただいた、かもがわ出版のご協力の賜です。
心から感謝しています。

さて、私のNPO交通事故110番としての活動は、ホームページにおける毎日の記事出し、電話・メールによる交通事故相談、週末に全国に出向いての交通事故無料相談会の開催です。

毎月、多くの被害者と面談し、生の声を聞くことにより、回答力を高めているのです。
近年は、被害者が持参されたMRI画像を分析することができるようになり、後遺障害等級を獲得する上での精度が向上し、ボランティア参加の複数弁護士のご協力により、損害賠償の実現でも、大きな成果を挙げています。

毎回、多くの被害者と面談をするたびに、いろいろな交通事故外傷を経験するのですが、

後遺障害とは切り離して、交通事故による外傷性の傷病名はどれだけの数があるのか？
傷病名ごとに予想される後遺障害等級、症状固定時期、後遺障害の立証方法を説明できないか？
レアな傷病名も、実物の後遺障害診断書で解説できれば、現場の医師も助かるのではないか？
これこそが、交通事故の後遺障害を議論する集大成になるのではないか？

そんなことを考え、2013年9月から執筆を開始し、2年7カ月後の2016年4月に執筆を終えました。
大ざっぱな分類で、322の交通事故外傷と後遺障害のキモを説明できました。
本Ⅲ巻には、このうち「下肢の障害」について収録しています。
実物の後遺障害診断書は、個人情報をデフォルメしてCD-ROMに収録しました。

私の著作物に類書は一冊もありません。
この書籍が、後遺障害の立証の現場で、その後の損害賠償で役立つのであれば、望外の喜びです。

2016年9月
NPO交通事故110番　宮尾　一郎

交通事故外傷と後遺障害全322大辞典Ⅲ

下肢の障害　　　　目 次

● 骨盤骨の障害 …… 8
- 1　骨盤骨　骨盤の仕組み …… 8
  - 骨盤骨折における後遺障害のキモ？　10
- 2　骨盤骨折・軽症例 …… 11
- 3　骨盤骨折・重症例 …… 12
- 4　骨盤骨折に伴う出血性ショック　内腸骨動脈損傷 …… 14
  - 骨盤骨折における後遺障害のキモ？　16

● 股関節の障害 …… 23
- 5　股関節の仕組み …… 23
  - 股関節における後遺障害のキモ？　24
- 6　股関節後方脱臼・骨折 …… 25
  - 股関節後方脱臼・骨折における後遺障害のキモ？　27
- 7　股関節中心性脱臼 …… 27
  - 股関節中心性脱臼における後遺障害のキモ？　28
- 8　外傷性骨化性筋炎 …… 29
  - 外傷性骨化性筋炎における後遺障害のキモ？　29
- 9　変形性股関節症 …… 32
  - 変形性股関節症における後遺障害のキモ？　33
- 10　ステム周囲骨折 …… 35
  - ステム周囲骨折における後遺障害のキモ？　36
- 11　股関節唇損傷 …… 37
  - 股関節唇損傷における後遺障害のキモ？　38
- 12　腸腰筋の出血、腸腰筋挫傷 …… 39
  - 腸腰筋挫傷における後遺障害のキモ？　40

● 大腿骨の障害 …… 42
- 13　大腿骨頚部骨折 …… 42
  - 大腿骨頚部内側骨折における後遺障害のキモ？　44
- 14　大腿骨転子部・転子下骨折 …… 46
  - 大腿骨転子部／転子下骨折における後遺障害のキモ？　47
- 15　大腿骨骨幹部骨折 …… 48
  - 大腿骨骨幹部骨折における後遺障害のキモ？　49
- 16　大腿骨顆部骨折 …… 50
  - 大腿骨顆部骨折における後遺障害のキモ？　51
- 17　梨状筋症候群 …… 53
  - 梨状筋症候群における後遺障害のキモ？　54

● 膝・下腿骨の障害 …… 56

- 18 膝関節の仕組み …… 56
- 19 膝関節内骨折　脛骨顆部骨折 …… 57
  - 膝関節内骨折、脛骨顆部骨折における後遺障害のキモ？　59
- 20 脛骨と腓骨の働き、腓骨って役目を果たしているの？ …… 60
- 21 脛骨顆間隆起骨折 …… 62
  - 脛骨顆間隆起骨折における後遺障害のキモ？　64
- 22 膝蓋骨骨折？ …… 65
- 23 膝蓋骨脱臼 …… 66
- 24 膝蓋骨骨軟骨骨折・スリーブ骨折 …… 67
  - 膝蓋骨骨折、膝蓋骨脱臼、膝蓋骨骨軟骨骨折における後遺障害のキモ？　68
- 25 膝離断性骨軟骨炎 …… 69
  - 膝離断性骨軟骨炎における後遺障害のキモ？　71
- 26 膝蓋前滑液包炎 …… 72
  - 膝蓋前滑液包炎における後遺障害のキモ？　73
- 27 膝窩動脈損傷？ …… 74
  - 膝窩動脈損傷における後遺障害のキモ？　75
- 28 腓骨骨折 …… 77
  - 腓骨の単独骨折における後遺障害のキモ？　78
- 29 脛・腓骨骨幹部開放性骨折 …… 79
  - 脛・腓骨骨幹部開放性骨折における後遺障害のキモ？　83
- 30 下腿のコンパートメント症候群 …… 85
  - 下腿のコンパートメント症候群における後遺障害のキモ？　87
- 31 変形性膝関節症？ …… 88
  - 変形性膝関節症における後遺障害のキモ？　90
- 32 腓腹筋断裂　肉離れ …… 92
  - 腓腹筋断裂における後遺障害のキモ？　94
- 33 肉離れ、筋違いと捻挫、腸腰筋の出血、腸腰筋挫傷 …… 94
  - 腸腰筋挫傷における後遺障害のキモ？　96
- 34 半月板損傷 …… 97
  - 半月板損傷における後遺障害のキモ？　98

● 靭帯損傷の障害 …… 100

- 35 ACL 前十字靭帯損傷 …… 100
  - ACL 前十字靭帯損傷における後遺障害のキモ？　102
- 36 PCL 後十字靭帯損傷 …… 102
  - PCL 後十字靭帯損傷における後遺障害のキモ？　104
- 37 MCL 内側側副靭帯損傷 …… 106
  - MCL 内側側副靭帯損傷における後遺障害のキモ？　107
- 38 LCL 外側側副靭帯損傷 …… 108
- 39 PLS 膝関節後外側支持機構の損傷 …… 109

| 40 | 複合靭帯損傷 | 110 |

LCL、PLS、複合靭帯損傷における後遺障害のキモ？　111

● 神経麻痺の障害 ... 113

| 41 | 坐骨・腓骨・脛骨神経麻痺って、なに？ | 113 |
| 42 | 坐骨神経麻痺 | 115 |

坐骨神経麻痺における後遺障害のキモ？　116

| 43 | 脛骨神経麻痺 | 117 |

脛骨神経麻痺における後遺障害のキモ？　117

| 44 | 腓骨神経麻痺 | 118 |

腓骨神経麻痺における後遺障害のキモ？　120

| 45 | 深腓骨神経麻痺＝前足根管症候群 | 121 |
| 46 | 浅腓骨神経麻痺 | 123 |

深腓骨神経麻痺、浅腓骨神経麻痺における後遺障害のキモ？　123

| 47 | 仙髄神経麻痺 | 124 |

仙骨骨折における後遺障害のキモ？　125

● 足の障害 ... 126

| 48 | 足の構造と仕組み | 126 |
| 49 | 右腓骨遠位端線損傷 | 128 |

右腓骨遠位端線損傷における後遺障害のキモ？　129

| 50 | 右足関節果部骨折 | 132 |

右足関節果部骨折における後遺障害のキモ？　134

| 51 | 足関節果部脱臼骨折、コットン骨折 | 135 |

コットン骨折における後遺障害のキモ？　137

| 52 | アキレス腱断裂 | 138 |

アキレス腱断裂における後遺障害のキモ？　139

| 53 | アキレス腱滑液包炎 | 140 |

アキレス腱滑液包炎における後遺障害のキモ？　141

| 54 | 足関節不安定症 | 142 |

足関節不安定症における後遺障害のキモ？　143

| 55 | 足関節に伴う靭帯損傷のまとめ | 144 |

足関節の靭帯損傷における後遺障害のキモ？　147

| 56 | 足関節離断性骨軟骨炎 | 148 |

足関節離断性骨軟骨炎における後遺障害のキモ？　149

| 57 | 右腓骨筋腱周囲炎 | 150 |
| 58 | 変形性足関節症 | 151 |

変形性足関節症における後遺障害のキモ？　153

| 59 | 足の構造と仕組み | 155 |
| 60 | 足根骨の骨折　外傷性内反足 | 156 |

外傷性内反足における後遺障害のキモ？　158

61	足根骨の骨折　距骨骨折	159
	距骨骨折における後遺障害のキモ？　160	
62	足根骨の骨折　右踵骨不顕性骨折	161
	右踵骨不顕性骨折における後遺障害のキモ？　162	
63	足根骨の骨折　踵骨骨折	163
	踵骨骨折における後遺障害のキモ？　165	
64	足根骨の骨折　距骨骨軟骨損傷	166
	距骨骨軟骨損傷における後遺障害のキモ？　168	
65	足根骨の骨折　足根管症候群	169
	足根管症候群における後遺障害のキモ？　169	
66	足根骨の骨折　足底腱膜断裂	171
67	足根骨の骨折　足底腱膜炎	172
	足底腱膜断裂、足底腱膜炎における後遺障害のキモ？　172	
68	モートン病、MORTON病	173
69	足根洞症候群	175
70	足根骨の骨折　ショパール関節脱臼骨折	176
	ショパール関節脱臼骨折における後遺障害のキモ？　176	
71	足根骨の骨折　リスフラン関節脱臼骨折	177
72	足根骨の骨折　リスフラン靭帯損傷	178
	リスフラン関節脱臼骨折、リスフラン靭帯損傷における後遺障害のキモ？　179	
73	足根骨の骨折　第1楔状骨骨折	180
74	足根骨の骨折　舟状骨骨折	181
75	足根骨の骨折　有痛性外脛骨	182
76	足根骨の骨折　舟状骨裂離骨折	183
77	足根骨の骨折　立方骨圧迫骨折＝くるみ割り骨折	184
	立方骨圧迫骨折＝くるみ割り骨折における後遺障害のキモ？　185	
78	足根骨の骨折　二分靭帯損傷	186
	二分靭帯損傷における後遺障害のキモ？　187	
79	足根骨の骨折　踵骨前方突起骨折	187
	踵骨前方突起骨折における後遺障害のキモ？　188	

●足趾の障害　　190

80	足趾の骨折　基節骨骨折	190
81	足趾の骨折　中足骨骨折	191
82	足趾の骨折　第5中足骨基底部骨折＝下駄骨折	191
83	足趾の骨折　ジョーンズ骨折、Jones骨折＝第5中足骨骨幹端部骨折	192
84	足趾の骨折　種子骨骨折	193
	足趾の骨折における後遺障害のキモ？　194	
85	下腿骨の切断、足趾の切断	195

●骨盤骨の障害

1　骨盤骨　骨盤の仕組み

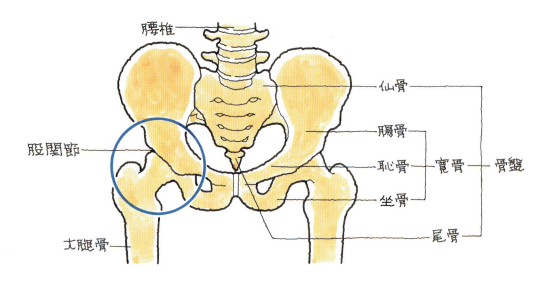

骨盤は、ヒップの中央部にある仙骨とその先にある尾骨、大きな2枚の寛骨の組み合わせで構成されています。腸骨、恥骨と坐骨を総まとめにして、寛骨と呼びます。

骨盤上部には頚部から一直線の脊椎骨、下部には大腿骨があり、骨盤は体の中心にあります。
直立二足歩行をする人間の骨盤は、上半身の体重と足からの衝撃の全てを受け止めています。
体幹の姿勢を支え、身体の要となっているのが骨盤です。
骨盤のパーツを紹介しておきます。

①腸骨（ちょうこつ）
骨盤の左右に張り出ている大きな骨で、腰骨とも呼ばれます。
骨移植のとき、骨採取されることで有名で、自分の手でも触って確認することができます。

②恥骨（ちこつ）
骨盤の前側に位置しています。
陰毛の中央部をまさぐると、自分の手で確認することができます。

③坐骨（ざこつ）
骨盤の底に位置する骨で、椅子に座ってヒップの下に手を入れると感じることができます。

④仙骨（せんこつ）
骨盤の中心部に、はまり込んでいる逆三角形の骨です。

●骨盤骨の障害

⑤仙腸関節（せんちょうかんせつ）
左右の腸骨と仙骨をジョイントしています。

⑥尾骨（びこつ）
しっぽの名残と言われており、仙骨の先についています。

⑦恥骨結合（ちこつけつごう）
左右の恥骨のジョイント部分で、硝子軟骨で形成されています。

⑧骨盤入口（こつばんにゅうこう）
左右の寛骨・仙骨・2つの仙腸関節・恥骨結合をつなぐ輪で、赤ちゃんが通る産道となっています。

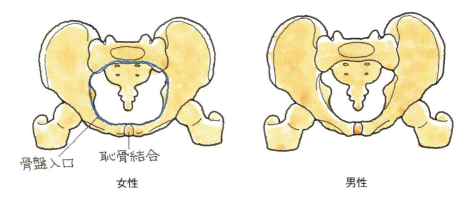

女性の骨盤は、洗面器型と呼ばれ、妊娠・出産に適した形になっています。
男性の骨盤は、女性に比較すると深くて狭いバケツ型となっています。
骨盤の中央の孔は男性では三角形に近く、女性では丸くなっています。
これは、出産時に、胎児が通過しやすくしているのです。

⑨靭帯（じんたい）

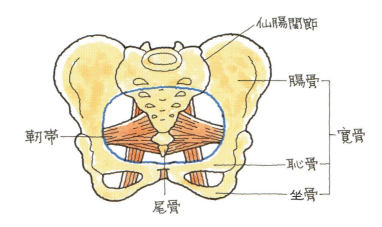

仙腸関節の靭帯には、前仙腸靭帯、仙結節靭帯、仙棘靭帯、骨間仙腸靭帯、長・短後仙腸靭帯、腸腰靭帯などがあり、仙腸関節の前面を、後仙腸靭帯は仙腸関節の後面を補強しています。
骨間仙腸靭帯は、強靭な靭帯であり、仙腸関節を補強し、腸骨と仙骨の関節の溝を埋め、仙腸関節をロックして、正しく制御しています。

腸腰靭帯は、L4から付着する靭帯を上方線維、L5から付着する靭帯を下方線維と呼んでいます。上方線維は屈曲時に、下方線維は伸展時に緊張、右側屈では、左側の腸腰靭帯が緊張する仕組みとなっています。腸腰靭帯は、腰仙椎関節の安定に大きく寄与しています。

靭帯の名称を覚える必要は、全くありません。
骨盤骨は、仙骨と尾骨、大きな2枚の寛骨の組み合わせで骨盤輪を形成していますが、周辺靭帯により、いっそう強固に締結されていると理解しておくことです。

骨盤骨折における後遺障害のキモ？

1）骨盤は左右の恥骨、坐骨、腸骨と仙骨で構成され、後方は仙腸関節、前方は恥骨結合で融合して骨盤輪を形成しており、体幹の姿勢を支え、身体の要となっています。

骨盤輪の中には、S状結腸、直腸、肛門、膀胱、尿道、女性では、これらに加えて、子宮、卵巣、卵管、膣が収納されており、消化管は下腸間膜動脈、女性性器は卵巣動脈と子宮動脈、泌尿器系は内腸骨動脈により必要としている酸素と栄養素を供給されています。

2）骨盤骨折における後遺障害は、以下の3点です。
※骨盤骨折自体に関するもので、疼痛や股関節の運動障害、骨盤の歪みを原因とする下肢の短縮
※骨盤輪内に収納されている臓器の損傷、
※内腸骨動脈などの血管の損傷、

3）原因のほとんどは、交通事故によるもので、転落あるいは墜落によっても損傷が発生しています。前方からの外力では、恥骨骨折、坐骨骨折、恥骨離開＝左右の恥骨が開くこと、下方からの外力では、恥骨骨折、坐骨骨折、同側の仙腸関節離開、寛骨臼骨折、そして外側からの外力では、寛骨臼骨折、腸骨骨折を生じます。

4）余談ですが、女性は、妊娠4週頃から出産直後にかけて、胎盤の元となる組織から大量のリラキシンというホルモンが分泌されます。

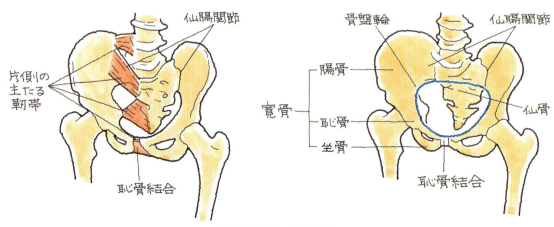

骨盤を斜め上から見ると

●骨盤骨の障害

このリラキシンは、骨盤の靭帯を緩める役目を果たしています。
恥骨結合を固定している靭帯と仙腸関節を固定している靭帯の2つが緩み、産道を拡げています。
女性の身体の神秘です。

具体的な後遺障害のキモは、各論で説明しています。

2　骨盤骨折・軽症例

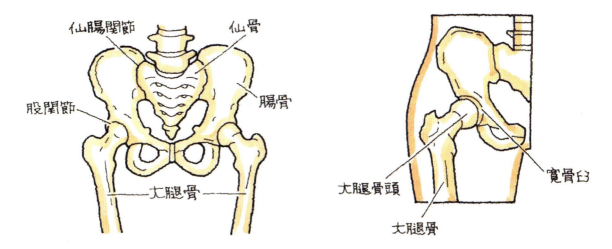

骨盤は左右の恥骨、坐骨、腸骨と仙骨で構成され、後方は仙腸関節、前方は恥骨結合で融合して骨盤輪を形成しており、体幹の姿勢を支え、身体の要となっています。

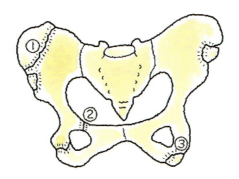

①腸骨翼単独骨折（Duverner骨折）
②恥骨骨折
③坐骨骨折

(1) 腸骨翼骨折（ちょうこつよくこっせつ）

腸骨翼は、腰の両横にあって、ベルトがかかる部位です。
腸骨翼は、前方、後方、側方からの衝撃で骨折しており、出血を伴わないものは軽症例です。
ドーヴァネイ骨折とも呼ばれていますが、入院下で、安静が指示されますが、1週間もすれば歩行器を使用したリハビリが開始され、1～2カ月で後遺障害を残すこともなく、軽快しています。

ただし、単独骨折であっても骨盤腔内に3000mlを超える大出血をきたすことがあり、その際は、出血性ショックに対応して全身管理を行う重症例となります。

（2）恥骨骨折・坐骨骨折（ちこつこっせつ・ざこつこっせつ）

恥骨・坐骨は前方からの外力、下方からの外力により骨折しており、骨盤骨折の中で、最も頻度が高いものです。

交通事故では、自転車やバイクを運転中、出合い頭衝突で前方向から衝撃を受ける、ドスンとお尻から落下したイメージです。

恥骨骨折の重症例では、膀胱損傷、尿道損傷を合併することがあります。
坐骨骨折では、半腱・半膜様筋・大腿二頭筋により、骨折部は下方へ転位し、股関節の伸展運動ができなくなります。

片側の恥骨や坐骨の骨折であれば、ほとんどは、安定型骨折であり、入院は必要ですが、手術に至ることはありません。
安静下で、鎮痛薬や非ステロイド性抗炎症薬、NSAIDが投与されます。
多くは、1週間の経過で歩行器を使用して短い距離を歩くリハビリが開始され、1～2カ月の経過で、後遺障害を残すことなく、症状は軽快しています。

（3）尾骨骨折（びこつこっせつ）

仙骨の下についている骨で、尻尾の名残であり、尾底骨とも呼ばれています。

交通事故では、自転車、バイクでお尻から転倒したときに骨折することが多いのですが、3～5個の尾椎が融合したもので、つなぎ目があることと、事故前から屈曲変形していることもあり、XPでは骨折と判断することが困難であることが特徴です。
治療は、通常は保存的に安静が指示されています。
尾骨骨折により、尾骨が屈曲変形をきたしたときは、女性では、正常産道を確保できません。
分娩は、帝王切開に限定されることになり、婦人科医の診断書で、このことを立証すれば、11級10号が認定されています。

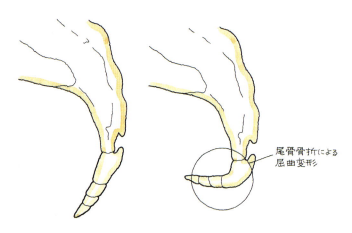

尾骨骨折による屈曲変形

3　骨盤骨折・重症例

（1）ストラドル骨折、マルゲーニュ骨折

骨盤は、骨盤輪と呼ばれる内側でぐるりと輪をつくっています。

この骨盤輪が、一筆書きに連続しているので、骨盤は安定しているのです。
両側の恥骨と坐骨の骨折で、骨盤輪の連続性が損なわれているようなストラドル骨折、

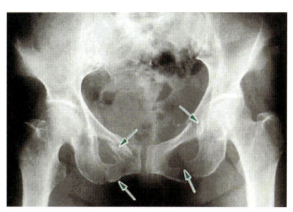
straddle 骨折

骨盤複垂直骨折であるマルゲーニュ骨折では、骨盤の安定性が失われ、骨盤がぐらつきます。

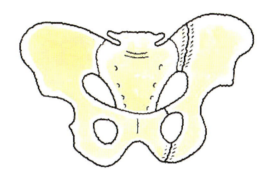
骨盤複垂直骨折(Malgaigne)

骨盤複垂直骨折は、この骨盤輪を形成している骨盤が2カ所骨折したもので、2カ所の骨折により骨盤の安定性が損なわれます。
転位の認められるものは、創外固定器具により、整復固定術が実施されています。

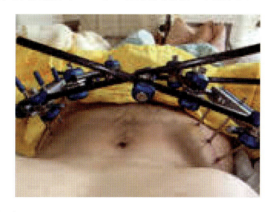

非常に大がかりなもので、複数回の見分を経験していますが、見るだけでも寒気が走ります。

若い女性で、骨盤に多発骨折をきたしたときは、婦人科的に精査しておく必要があります。
骨盤の変形により、正常分娩が不可能で、帝王切開を余儀なくされることが十分に予想されます。
これは11級10号に該当し、複数回を獲得しています。
当然、出産が可能な年数について逸失利益が認められます。

（2）恥骨結合離開・仙腸関節脱臼

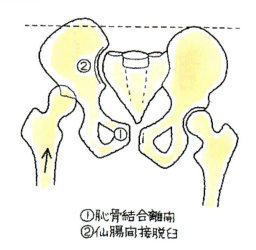

①恥骨結合離開
②仙腸関接脱臼

骨盤は左右2つの寛骨が、後ろ側で仙腸関節、仙骨を介して、前側で恥骨結合を介してジョイントしています。左右の寛骨は腸骨・坐骨・恥骨と軟骨を介して連結し、寛骨臼を形成しているのです。
この輪の中の骨盤腔は内臓を保護し、力学的に十分荷重に耐え得る強固な組織となっているのですが、大きな直達外力が作用するとひとたまりもなく複合骨折をするのです。

上図のような不安定損傷になると、観血的に仙腸関節を整復固定するとともに、恥骨結合離開についてはAOプレートによる内固定の必要が生じます。
上のイラストは、右大腿骨頭の脱臼も伴っています。

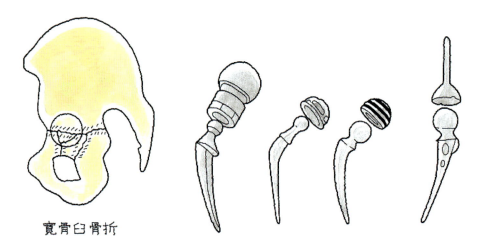

寛骨臼骨折

大腿骨頭の納まる部分である、寛骨臼の損傷が激しいときは、骨頭の置換術にとどまらず、人工関節の置換術に発展する可能性が予想されます。
本件の場合、股関節は10級11号が、骨盤は12級5号が認められ、併合で9級が認定されます。

4　骨盤骨折に伴う出血性ショック　内腸骨動脈損傷（ないちょうこつどうみゃくそんしょう）

骨盤骨折の死因の50％は、出血であると報告されており、骨盤腔内の出血で出血性ショックを引き起こし死亡する例も、珍しくありません。

輸液・輸血にもかかわらず、血圧が上昇しないときは、ただちに内腸骨動脈造影を実施し、スポンゼルコイルを使用し両側内腸骨動脈の根元から血管塞栓術を実施します。

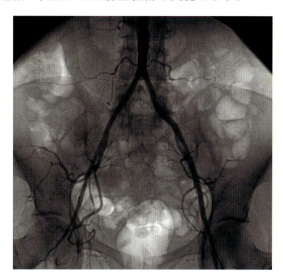

骨盤内臓器の副損傷を伴うケース、恥骨骨折と尿道損傷などでも同上の処置が取られます。

余談ですが、血管塞栓術の合併症として男性ではインポテンツの可能性が指摘されており、大変厄介ですが、女性には合併症はありません。

驚かれたことと思いますが、骨盤骨折は重傷なのです。

出血量	〜15%	15〜30%	30〜40%	40%以上
脈拍数（回/分）	100以下	100以上	120以上	140以上
血圧（収縮期）	正常	正常	低下	低下
呼吸数（回/分）	14〜20	20〜30	30〜40	35以上
精神神経症状	軽い不安感	中程度の不安感	強い不安感・混乱	混乱・昏睡

出血性ショックとは、大量の出血により、主要な臓器に必要な血流が維持できず、細胞機能が保てなくなるときの症候群で、一般的には血圧が低下しますが、実は血圧が低下する以前に、上記の症状を示しています。

血圧が下がり始める前に、出血性ショックの有無を判断、迅速な処置、病院への搬送を行わなければなりません。つまり、血圧の測定以外に、出血性ショックの症状が出現する顔色、呼吸、脈拍、皮膚を観察します。

初期症状としては頻脈＝脈拍数の増加と、皮膚症状＝皮膚が冷たく、青白く、冷や汗が出るのが代表的です。このような症状があれば、血圧が低下していないときでも、出血性ショックの可能性があるので、急いで病院へ搬送しなければなりません。

骨盤骨折の検査と診断では、触診により骨盤の損傷が疑われる部位に圧痛や動揺性がないかを検査します。これらの所見が見られるときは、骨盤骨折が強く疑われ、骨盤部XP撮影で多くの骨折は診断できます。また、仙骨骨折、仙腸関節の離開はCTにより鮮明な骨折画像が得られ、内腸骨動脈損傷による後腹膜出血の程度の診断も可能です。

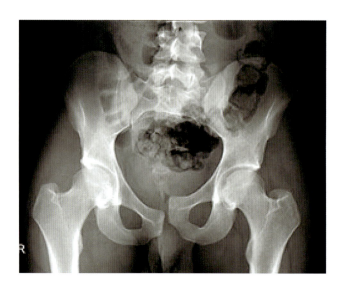

血尿では、尿道造影と膀胱造影を、肛門出血では、注腸造影で確定診断とします。

治療は、以下の優先順位で勧められます。
①内腸骨動脈損傷による出血性ショックのあるときは、ただちに血管撮影室において塞栓術で止血します。コイル等で出血している動脈を詰めるのが、一般的な塞栓術です。
②膀胱・大腸損傷などの合併症に対しては、緊急手術適用となります。
③不安定な骨盤骨折に対しては局所麻酔下で創外固定が実施されています。

骨盤骨折における後遺障害のキモ？

1）骨盤骨折は、大きくは、寛骨臼骨折と骨盤輪骨折の2つに分類されます。
股関節は、寛骨臼と大腿骨頭の2つの関節面が接する構造であり、寛骨臼骨折とは、股関節の関節内骨折です。そして、骨盤輪骨折は寛骨臼骨折を除いた骨盤骨折となります。
いずれも、XPで診断されていますが、骨盤の形状は非常に複雑なところから、CTにより骨折の位置を詳しく調べることが、治療方針の決定に有用です。
さらに、血管損傷や膀胱損傷などの合併損傷を診断するには、造影CTを行う必要があります。

2）大量出血を伴うときは、緊急的に止血処置を実施しなければなりません。
骨折部を体外で仮固定する創外固定器具を用いて、安定化させることが止血の基本になります。
さらに、血管造影で、損傷動脈を発見し、ゼリー状の物質や金属製のスポンゼコイルを動脈内に挿入する塞栓術が実施されています。

止血処置により、ショック状態から離脱すれば、骨折の治療を計画します。
下肢の牽引により、骨折部の転位を矯正できるときは、大腿骨遠位または脛骨近位にワイヤーを刺入し、手術までの間、持続的に牽引します。

3）寛骨臼骨折では、関節内骨折であるところから、正しい整復位置に戻さなければなりません。
もし骨折の転位を残したまま、保存的に治療したときは、骨折部の癒合が得られても、変形性関節症が経時的に進行するので、将来の人工関節置換術が予想されることになります。

しかし寛骨臼骨折のオペは難度が高く、大量出血等の危険も予想されるのです。
挫滅的な損傷では、オペが中止されることも、複数例、経験しています。
こんなときは、後遺障害等級の獲得で損害をカバーしなくてはなりません。

4）骨盤輪骨折では、骨盤後方が破壊され、骨折の不安定性が強いときは、オペの適応となります。
スクリュー、プレート、脊椎固定用のインプラントなどを使用して内固定が実施されています。
保存的な治療に比較すると、早期に車椅子や歩行練習が可能になる利点があります。

5）骨盤骨折の軽症例
①腸骨翼骨の単独骨折で大量出血を伴わないもの、
②恥骨・坐骨の単独骨折で、安定型のもの、

骨折部に疼痛を残しているときは、骨折部の 3DCT 撮影で、骨癒合状況を立証します。
変形癒合が確認できるときは、その度合いに応じて、14 級 9 号、12 級 13 号の神経症状が、後遺障害として認定されます。
骨折部に痛みがないときは、後遺障害の対象ではありません。

③尾骨骨折後、尾骨が屈曲変形をきたしているとき、被害者が女性であれば、骨折部の 3DCT 画像を婦人科に持ち込み、正常産道が保たれているかについて、精査を受けなければなりません。
尾骨の変形により正常分娩が不可能で、帝王切開を選択しなければならないときは、11 級 10 号が認定されます。この診断は、整形外科ではなく婦人科の医師に診断をお願いすることになります。

被害者が男性で、尾骨に疼痛を訴えるときは、やはり、3DCT で立証、神経症状として、14 級 9 号もしくは 12 級 13 号をめざします。

6）骨盤骨折の重症例
①両側の恥骨と坐骨の骨折で、骨盤輪の連続性が損なわれている straddle 骨折や骨盤複垂直骨折である Malgaigne 骨折では、骨盤の安定性が失われています。
創外固定器具の使用で骨盤骨の安定化と整復固定が行われていますが、それでも、完全に元通りは、期待できません。
②恥骨結合離開と仙腸関節の脱臼

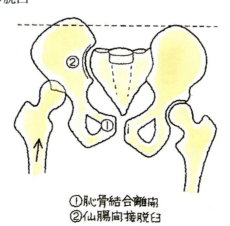

①恥骨結合離開
②仙腸間接脱臼

イラストのような不安定損傷では、オペにより仙腸関節を整復固定するとともに、恥骨結合離開についてはAOプレートによる内固定が実施されていますが、やはり、完全に元通りは、期待できません。

したがって、骨盤骨折の重症例では、どのレベルの変形を残しているかを立証することになり、3DCTが威力を発揮します。

骨盤骨の歪みにより、左右の下肢に脚長差が生じたときは、ONISのソフトを駆使して、脚長差を具体的に立証します。1cm以上であれば13級8号、3cm以上であれば10級8号、5cm以上であれば8級5号が認定されるのですが、骨盤骨の変形で12級5号と比較して、いずれか上位の等級が認定されており、このことも、承知しておかなければなりません。

7）内臓損傷の合併と立証方法？
①尿管、膀胱および尿道の障害

尿路変向術を行ったもの	
5級3号	非尿禁制型尿路変向術を行ったが、尿が漏出しストーマ周辺に著しい皮膚のびらんを生じ、パッド等の装着ができないもの、
7級5号	非尿禁制型尿路変向術を行ったもの、禁制型尿リザボアの手術を行ったもの、
9級11号	尿禁制型尿路変向術を行ったもの、（禁制型尿リザボアおよび外尿道口形成術を除きます。）
11級10号	外尿道口形成術を行ったもの、

腎臓で生成された尿は腎盂から尿管を経て膀胱に蓄尿され、尿道を通じて体外に排尿されます。
この経路を尿路と言います。
健常な膀胱の機能は、尿を失禁することなく安定して貯める蓄尿機能と、尿意に基づいて自分の意思で残尿なく排出する排尿機能、この2つの機能が両立しなければなりません。

非尿禁制型尿路変向とは、排泄口、ストーマから絶えず流れ出る尿を袋、パウチで集尿する手術法で、禁制型尿リザボアは、腸管を使用して体内に蓄尿可能なパウチを作成、失禁防止弁を有する脚を介して腹壁にストーマを形成します。蓄尿機能はあるも排尿機能はなく、ストーマから自己道尿を必要とします。しかし、ストーマは小さくパウチの装着は不要です。
これら以外の尿禁制型尿路変向術とは、S状結腸に尿管を吻合し直腸に尿を蓄尿します。
肛門括約筋により尿禁制が保たれ、人工排泄口、ストーマは必要なく、自分の意思で排尿、排便のコントロールが可能となります。

②排尿障害を残すもの

排尿障害を残すもの	
9級11号	残尿が100mℓ以上のもの、
11級10号	残尿が50〜100mℓ未満であるもの、尿道狭窄のため、糸状ブジーを必要とするもの、
14級相当	尿道狭窄のため、糸状ブジー第20番が辛うじて通り、時々拡張術を行う必要のあるもの、
頻尿を残すもの	
11級10号	頻尿を残すもの、

尿失禁を残すもの	
7級5号	持続性尿失禁を残すもの、 切迫性尿失禁または腹圧性尿失禁のため、終日パッド等を装着し、かつ、パッドをしばしば交換するもの、
9級11号	切迫性尿失禁または腹圧性尿失禁のため、常時パッド等を装着しているが、パッドの交換を要しないもの、
11級10号	切迫性尿失禁または腹圧性尿失禁のため、パッドの装着は要しないが下着が少し濡れるもの、

膀胱の蓄尿量は200～300mlあり、150mlで軽い尿意、250mlで強い尿意が起こります。
排尿は、1日1500ml、昼間の覚醒時で4、5回、夜間の就寝時で2回、合計7回の排尿が成人の平均と言われています。昼間の覚醒時で8回以上、夜間の就寝時で3回以上の排尿を頻尿と言います。

くしゃみ等の生理的な反射や階段の昇り降りなどの動作をきっかけに、お腹に力が加わったときに起きる尿失禁を腹圧性尿失禁、前触れもなく尿がしたくなり、その高まりが急なためトイレまで間に合わなくて失禁してしまうのが切迫性尿失禁と言います。

検査と立証は泌尿器科におけるウロダイナミクス検査で立証しなければなりません。

ウロダイナミクス検査とは、排尿時の膀胱、膀胱内圧・排尿筋圧測定と尿道、尿道括約筋筋電図の働きを同時に記録することにより、排尿障害の病型を診断する検査です。
従来の膀胱内圧検査を含み、さまざまな病態を計測することが可能となっています。
蓄尿から排尿終了までの間の膀胱内圧、腹圧（直腸内圧で測定）、排尿筋圧、外尿道括約筋活動、尿流などを測定し、排尿障害の部位や程度を総合的に診断します。

基本となる①～③の3つの測定に加え、症状によってさらに特殊な④～⑦の4つの測定を行うことがあります。実施する測定項目は専門医の診断により選定されており、排尿障害の立証には、専門医とウロダイナミクス検査の設備のコンビネーションを備えた病院の確保がなにより重要です。

超音波画像検査	
排尿後の残尿量を調べます。	
ウロダイナミクス検査	
尿流量の測定	尿が出始めてから終わるまでの量の変化をグラフで表します。
膀胱内圧検査	直径5mmの管を尿道から膀胱に挿入、水または生理食塩水を注ぎ込みます。 尿のたまり始めから排尿に至るまでの膀胱の内圧の変化を測定、収縮のパターンをチェック 切迫性尿失禁の無抑制収縮の膀胱の判定ができます。
尿道内圧検査	尿道の内圧を調べることで、腹圧性尿失禁を判定します。
リークポイント・プレッシャー	膀胱に水を満たし、腹圧をかけて、尿が漏れる瞬間の尿道や括約筋の状態をチェックする検査です。
尿道括約筋・筋電図	尿がたまり始めてから排尿に至るまでの尿道括約筋のパターンを、筋電図にとって調べます。 尿道括約筋の収縮不全が原因の腹圧性尿失禁を判定します。
プレッシャーフロー・スタディ	尿流測定と膀胱内圧測定を同時に行い、排尿障害の原因を探ります。
内圧尿流検査	排尿時の下部尿路機能評価を目的に、排尿筋圧（膀胱内圧－腹圧）と尿流率の2つのパラメータを同時に測定します。

※検査の必要性について

排尿・排便障害は腰椎圧迫骨折や仙骨骨折で発症することが多く、このときは、脊髄の腰～臀部の馬尾神経が病原部位となります。

この神経に圧迫、損傷があると下肢のしびれ、歩行障害とならび排尿・排便に異常が起きます。

稀にではありますが、頚髄損傷でも発症します。

腰椎捻挫、ムチウチを原因として排尿・排便障害に悩まされる被害者さんを多く経験しています。

「おしっこが出づらくなった、回数が異常に増えた？」

これについては、膀胱内圧検査が有名で、よく知られています。

しかし多くの泌尿器科では、あまり積極的にこの検査を行いません。

「おしっこが出ないから、ここに来たのでしょう、今さら出ないことを検査してどうするの？」

医師の間では、このような受け取り方が一般的なのです。

しかし、医師は、患者の症状、「おしっこが出ない？」ことについて疑いを持ちませんが、保険屋さん、爺さん会、そして裁判官は証拠を出さない限り、信用してくれないのです。

となると、検査による立証は絶対に必要なのです。

さらに、検査の必要性はそれだけではありません。

昨年お会いした泌尿器科の専門医の考えは違っています。

排尿障害といっても内圧の不調によるもの、括約筋の不全を原因とするもの、つまり、原因は1つではなく、それに見合った治療が必要であると指導されています。

例えばカテーテルを使用している閉尿の患者に対し、おなかを押して排尿を促すような指導が実際に行われています。ところが、閉尿の原因が括約筋不全であるなら逆効果で、さらに増悪する危険性があるとのことです。数十年前の知識で治療をしている泌尿器科医も多く、間違った治療と相まって検査の重要性の認識が希薄なのです。

現在、膀胱の内圧を計測するだけではなく、いくつかの検査を総合したウロダイナミクス検査が最先端ですが、町の泌尿器科の多くは設備がなく、大学病院クラスの検査先の確保が必要です。

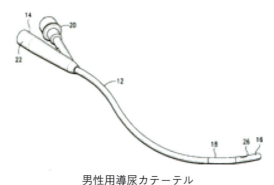

男性用導尿カテーテル

③生殖器の障害

生殖器の障害	
7級5号	両側の睾丸を失ったもの、 両側の卵巣を失ったもの、 常態として精液中に精子が存在しないもの、 常態として卵子が形成されないもの、

●骨盤骨の障害

9級11号	陰茎の大部分を欠損したもの、 (陰茎を膣に挿入することができないと認められるものに限る、) 勃起障害を残すもの、 射精障害を残すもの、 膣口狭窄を残すもの、 (陰茎を膣に挿入することができないと認められるものに限る、) 両側の卵管の閉鎖または癒着を残すもの、頸管に閉鎖を残すものまたは子宮を失ったもの、 (画像所見により、認められるものに限る、)
11級10号	狭骨盤または比較的狭骨盤が認められるもの、
13級11号	1側の睾丸を失ったもの、 (1側の睾丸の亡失に準ずべき程度の萎縮を含みます。) 1側の卵巣を失ったもの、

※勃起障害を残すものでは、以下のいずれにも該当しなければなりません。
夜間睡眠時に十分な勃起が認められないことがリジスキャンRによる夜間陰茎勃起検査により証明されていること

支配神経の損傷など勃起障害の原因となる所見が、以下の検査のいずれかにより認められること
会陰部の知覚、肛門括約筋のトーヌスおよび球海綿体筋反射による神経系検査
プロスタグランジンE1海綿体注射による各種の血管系検査

会陰部の知覚

肛門括約筋の随意収縮

球海綿体筋反射

※会陰部の知覚
会陰部とは、俗に蟻の門渡りと呼ばれ、外陰部と肛門の間に位置していますが、肛門の周囲を針で刺して痛みがあれば正常とされています。

※肛門括約筋の随意収縮
肛門に指を挿入、肛門収縮があれば正常とされています。

※球海綿体筋反射
肛門に指を挿入し、亀頭や陰核をつかみます。
肛門が収縮すれば正常、亢進すれば脳・脊髄に、消失すれば末梢神経の障害が予想されます。

④併合と相当

※併合
Q 交通事故により肋骨の著しい変形となりました。
それを原因として呼吸機能に障害を残したのですが、なん級が認定されますか?

肋骨の著しい変形は12級5号、
呼吸機能の障害は11級10号となります。
最終的には、等級は上位等級が採用され、11級10号となります。

胸腹部臓器の障害と系列を異にする障害が、通常派生する関係にあるときは、併合することなく、いずれか上位の等級が認定されています。

※相当
Q　交通事故で心機能の低下による軽度の運動耐容能の低下で11級10号、
ペースメーカの植え込みで9級11号、
食道狭窄による通過障害で9級11号が認定される見込みです。
私の最終等級をお教えください。

生殖器を含む胸腹部臓器に障害が2つ以上あるときは併合の方法により相当級が決められます。
上記の質問では、8級相当が認定されます。

Q　両側の睾丸を失い、7級13号、
さらに、器質的な原因で勃起障害、9級16号を残しました。
認定される等級をお教えください。

生殖器の障害のみを残すもので、生殖機能を完全に喪失したものに該当するときは、その他の生殖機能の障害に該当するときでも、7級相当で止まります。
本件では7級相当となります。

●股関節の障害

5　股関節の仕組み

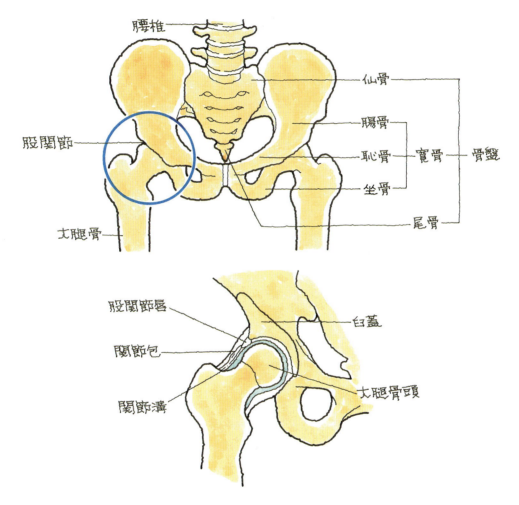

　股関節は、胴体と両脚をつないでいるジョイント部分ですが、膝関節、足関節に比較すると、太ももの付け根、鼠径部の奥に位置しており、外側から直接触れることができません。
しかしながら、ヒトが、直立二足歩行する上で、全体重を支えるという重要な役目を担っています。

　股関節の最大の特徴は、球関節ということです。
大腿骨の先端部分、大腿骨頭は、ボールのように丸くなっていて、骨盤側には、これをぴったりと収納するお椀状の受け皿、寛骨臼蓋があります。

　このジョイント部分を安定させるために、軟骨や関節包が取り囲み、さらに靭帯や筋肉が包み込み、そして股関節につながる大小さまざまな筋肉が、複雑に連携しながら、股関節を自由に動かし、多様な動きを可能にしています。

股関節の動きと角度

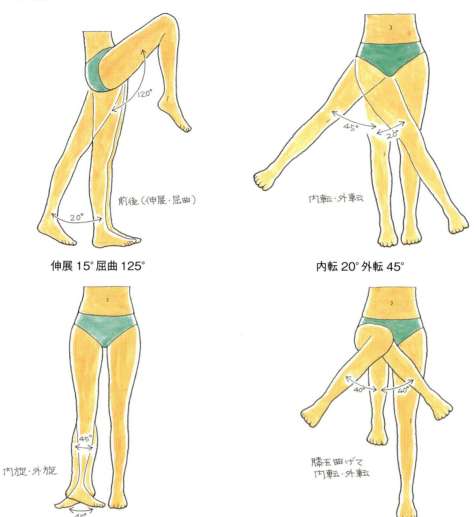

伸展 15° 屈曲 125°　　　　内転 20° 外転 45°

内・外旋 45°　　　　膝を曲げての内・外旋 45°

球関節である股関節は複雑な動きが可能です。
基本は上のような運動方向ですが、実際には、2つ以上の動作を同時に行っていることがほとんどであり、まさに三次元の動きができるのです。

股関節における後遺障害のキモ？

1）脱臼、骨折、軟骨損傷を原因とする股関節の機能障害と痛みの神経障害が後遺障害の対象です。
立証は、骨折後の骨癒合では3DCT、軟骨・関節唇や筋・腱の損傷となると、MRIで行います。

股関節の主要運動は、膝屈曲と伸展、外転と内転の2つですが、参考運動である外旋・内旋にも注意を向ける必要があります。

2）余談ですが、股関節とヒップは、女性としては、有力な武器です。
では、股関節をいつまでも若々しく保つにはどうしたらいいのか？
股関節は、それ自体を、鍛えることはできません。
鍛えるのは周囲の筋肉となります。

●股関節の障害

ヒップの筋肉は、すべて股関節を動かすために存在しており、それ以外の用途は０に等しいのです。
一日中、長く座っていると、中殿筋、大殿筋を動かさずにいるので、筋力が低下していきます。
その結果として、股関節の動きも鈍くなってくるのです。
なにより、中殿筋、大殿筋を使わないと、お尻が垂れてしまうので、ボディラインが崩れます。
中殿筋、大殿筋や股関節周囲の筋肉、腸腰筋、大腿四頭筋、内転筋、ハムストリングを鍛えることはとても大切なことです。大腿二頭筋、半膜様筋、半腱様筋の３つを総称してハムストリングと呼びます。

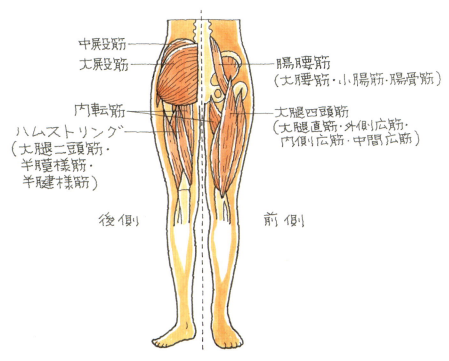

股関節には、多くの筋肉がかかわっています。
腸腰筋など腰や頚椎につながるものもあれば、太ももの筋肉は膝につながっていて、かなり広範囲。
大小さまざまな筋肉が組み合わさって、股関節の複雑な動きを生み出しています。
股関節を動かす筋肉は実にさまざまで、これらの筋力アップで股関節を若く保つことができるのです。

6　股関節後方脱臼・骨折

乗車中の交通事故で、膝がダッシュボードに打ちつけられ、発症することが多く、dashboard injury と呼ばれています。

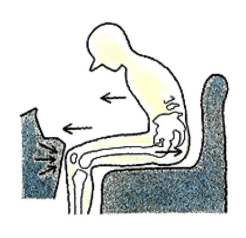

運転席や助手席で膝を曲げた状態のまま、ダッシュボードに膝を打ちつけ、大腿骨が関節包を突き破り後方に押し上げられて発症します。

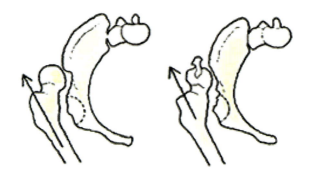

股関節脱臼に伴い、寛骨臼＝大腿骨頭が収まっている部分の骨折も、多く見られます。
全体の70％は後方脱臼となり、以下、これについて解説します。

関節の脱臼につき、脱臼部位の痛み、腫れ、関節の異常可動域、内側に異常に曲がる状態となり、後方に大腿骨が押し上げられ、大腿は短くなっています。
単純XP撮影で大腿骨頭が、寛骨臼から外れているのが確認できます。

後方脱臼では、麻酔下で、外れた大腿骨頭を寛骨臼にはめ込みます。
脱臼に骨折を合併しているときは、スクリューにより、骨折している寛骨臼を固定します。

骨折を合併しているときは、骨折片が坐骨神経を圧迫し、坐骨神経麻痺を引き起こすことがあります。

大腿骨頭は、3本の血管により栄養を送り込まれていますが、脱臼によりこの血管を損傷すると大腿骨頭に栄養や酸素が供給されなくなり、大腿骨頭が壊死に至ります。
股関節脱臼を24時間以内に整復しないと、この大腿骨頭壊死が高率で発生します。

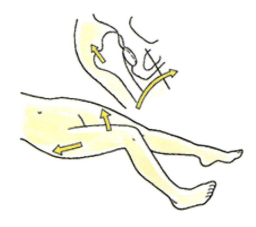

大腿骨頭壊死となれば、大腿骨頭部を切断しそこに人工骨頭を埋め込むことになります。
これを大腿骨頭置換術と呼びます。
寛骨臼蓋の損傷の大きいものは、骨頭だけにとどまらず、人工関節の埋め込みとなります。
これを防止するには、いかに早く整復固定をするかにかかっているのです。
骨折を伴わないときは、受傷から12時間以内、骨折のあるものでも24時間以内に整復を実施すれば予後は良好と言われています。

股関節の後方脱臼・骨折は数多く経験していますが、人工骨頭や人工関節の置換に至ったものは、ごく最近の3例のみで、わずかです。

股関節後方脱臼・骨折における後遺障害のキモ？

1）股関節の機能障害と痛み、下肢の短縮、大腿骨頭壊死に伴う人工関節置換が後遺障害の対象となります。

2）経験則では、受傷後6カ月で症状固定とし、股関節の機能障害で12級7号が認められています。
12級7号以上のポイントは、寛骨臼蓋の骨折です。
骨折しているときは、そのレベルと、術式、その後の骨癒合がどうなっているかを、3DCTやMRIで丁寧に立証しなければなりません。

症状固定を遅らせると、後遺障害が認定される可能性は薄くなりますので、この点も要注意です。

3）術後、主治医の説明する、大腿骨頭壊死の可能性は、あまり過剰に気にすることはありません。
なぜなら、ほとんど起こらないからです。

4）人工骨頭に置換された場合、この骨頭の耐久性が10年と説明されることがありますが、これも気にすることはありません。事故後の極端な肥満が克服できないで、再置換術になったケースを1例だけ経験していますが、これは、被害者側に問題があって、再置換術となった極端な例です。

人工関節の材質は、ポリエチレンから超高分子量ポリエチレン、骨頭については、セラミックが普及し、通常の生活であれば、耐久性も20年以上とされています。
認定基準は改訂され、人工骨頭、人工関節を挿入置換しても、大多数は10級10号となります。

5）骨盤骨の変形に伴い、下肢の短縮が認められるときは、いずれか上位の等級が認定されます。
本件では、実際に大腿骨や下腿骨が短縮しているのではありません。
骨盤骨の変形により歪みが生じたもので、私は、下肢の短縮で認定されないと理解していました。
しかし、認定基準は、微妙に修正されています。
骨盤骨の変形は、12級5号ですが、歪みによる下肢の短縮が3cm以上であれば10級8号です。
このときは、10級8号の認定となります。

骨盤骨の高度変形により、股関節に運動障害が生じたとき、これらの等級は併合されます。

7　股関節中心性脱臼

先に説明した股関節後方脱臼骨折は、dashboard injuryを原因とすることが多いのですが、中心性脱臼は、転子部の強打、つまり、側方からの外力が加わることで発症しています。
交通事故では、自転車・バイクVS自動車の衝突で、自転車・バイクの運転者に多発しています。

関節包が破れることは少ないのですが、臼蓋底骨折により、大腿転子部は陥没します。
一般的な治療としては、大腿骨の遠位部を力点とし、10数kgの重りで4週間の直達牽引を行います。

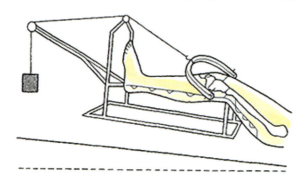

これにより、大腿骨を臼蓋底から引っ張りだし、臼蓋底骨折部が自然に癒合するのを待つのです。
長くても、4〜6週間でリハビリテーションに移行できます。

外傷性股関節脱臼には、後方脱臼、中心性脱臼以外にも、前方脱臼があります。
前方脱臼では、関節包前面を損傷し、大腿骨頭骨折や大腿骨頭靭帯断裂、大腿動脈損傷、大腿神経損傷を合併することが多く、重症例ですが、滅多に発生することはなく、1例の経験則もありません。

股関節中心性脱臼における後遺障害のキモ？

1）脱臼骨折ですから重症例なのですが、ボールのように丸い大腿骨頭が、お椀状の受け皿である寛骨臼蓋底をピンポイントで突き破ったものと想定してください。
直達牽引により、臼蓋底骨折部の骨癒合が良好に得られれば、骨頭壊死の可能性も低く、予後は良好で、後遺障害を残すこともありません。

2）骨頭壊死の可能性は低いとしても、近い将来の変形性股関節症や骨化性筋炎は予想されます。
3DCT、MRIで骨癒合を立証して、それらに備えなければなりません。

3）やはり、ダラダラと漫然治療を続けると、機能障害や神経症状は否定されることになります。
6、7カ月で症状固定を決断しなければなりません。

4）72歳の男性が、自転車VS自動車の出会い頭衝突で、右股関節臼蓋骨折と診断されました。
ところが高齢であり、オペはできないとのことで、現在、入院中であるが、このままでは寝たきりになると、ご子息よりメール相談がなされました。
内容に不明なところがあり、入院先が京都で、評価の高い治療先でもあったので、訪問しました。

入院中の被害者は、右大腿部の直達牽引を受けていました。
主治医に確認したところ、右股関節の中心性脱臼であり、直達牽引で、保存的に臼蓋底骨折部の骨癒合を経過観察しており、あと2週間の牽引で、リハビリを開始するとのことでした。
つまり、股関節中心性脱臼の一般的な治療が実施されており、これで寝たきりはあり得ません。
その後、リハビリが続けられましたが、大腿骨転子部はやや陥没しており、すでに、変形性股関節症の初期段階でした。これ以上、股関節症が進行するのを防止する観点から、杖使用による歩行が指示され、

●股関節の障害

症状固定となりました。
等級は、変形性股関節症が認められ、股関節の機能障害として 10 級 11 号が認定されました。

聞くと見るでは大違い、交通事故 110 番が、交通事故無料相談会を全国で展開している理由です。

8 外傷性骨化性筋炎（がいしょうせいこっかせいきんえん）

本来、骨組織が存在しない部位に発生する骨化と定義されています。
異所性骨化症と診断されることもありますが、骨化性筋炎と同じ傷病名です。
筋肉、腱、靱帯、臓器、関節包などの軟部組織に、石灰が沈着して異所的骨形成が起こるのです。

外傷性骨化性筋炎は、筋肉の炎症に引き続き、カルシウムが沈着し、石灰化現象が起こって筋組織の中に骨が形成されることを意味しているのです。

血液検査による血中 ALP の数値、XP 画像、骨シンチグラム検査で確定診断が容易です。

骨化性筋炎、異所性骨化症は、以下の経過をたどって進行していきます。
①受傷、筋組織の損傷と血腫の形成、
⇒②血腫の吸収と同時に石灰化が生じる、
⇒③約 2 週間で石灰化部分が拡がる、
⇒④ 3、4 週間を経過すると、石灰化した部分が明瞭となり、骨化が XP で鮮明となる、
⇒⑤約 4、5 カ月、患部を愛護的に動かしてやれば、骨化した部分が徐々に小さくなっていく、

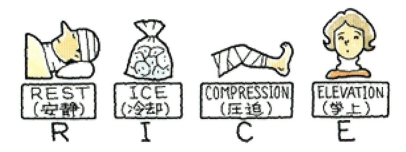

受傷直後は、RICE 処置が重要であり、これにより、血腫の拡大を防ぐことができます。
患部の修復が始まる 2 〜 3 週間くらいは、固定し、患部への刺激は極力避けるのがベターです。
血腫が徐々に減り、石灰化した部位が XP で確認できる段階となれば、固定を外します。
固定を外しても、無理やり動かすリハビリを実施するのは逆効果、タブーです。
痛みを伴わない角度の範囲内でストレッチや関節運動を開始します。
これで、骨化した部分は徐々に消失し、それに伴って、可動域も回復します。

外傷性骨化性筋炎は、打撲に対する不適切なケアがもたらす長期的な合併症なのです。

外傷性骨化性筋炎における後遺障害のキモ？

1）血液検査による血中 ALP の数値、XP 画像、骨シンチグラム検査で確定診断が容易であり、これに

対する治療法も確立されています。

大きな血腫では、血栓溶解剤を血腫内に注射し、固まった血腫を溶かして吸い出す治療も実施されており、この方法であれば、3週間前後で治癒すると報告されています。

大きな血腫ではなく、筋肉内に広範囲に拡がる点状出血では、上記の治療はできず、自然治癒を待つしかありません。
やや、時間がかかることもありますが、いずれも、後遺障害を残すことなく、改善が得られています。

2）ところが、私が経験した外傷性骨化筋炎は、もっと深刻なものです。

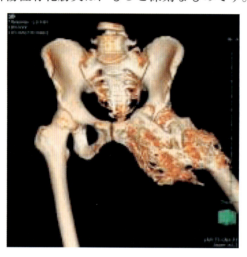

頭部外傷、遷延意識障害、左股関節後方脱臼骨折で入院中の被害者、23歳男性ですが、受傷から3ヵ月を経過した段階で、左股関節部に、上記の外傷性骨化筋炎が認められました。
入院治療先は、頭部外傷、遷延意識障害の治療に集中しており、左股関節後方脱臼骨折は、放置されたままでした。

この外傷性骨化性筋炎は、これまでに、私が経験したものではありません。
その後、意識は回復したのですが、左股関節と左膝の関節は、完全強直状態でした。
主治医に確認したところ、頭部外傷、脊髄損傷では、11〜22％で異所性骨化が発症すると報告されており、頭部外傷後の長期昏睡期間や多発骨折による長期間の関節運動停止が誘因ではないかと言われているが、原因の究明には至っていないとのことでした。
異所性骨化の発生部位は股関節、肘関節、肩関節に多いと報告されています。

本件の被害者は、飲酒で赤信号横断の事故発生状況であり、70：30の過失割合で、相手の保険屋さんの対応は受けられず、相手の自賠責保険も重過失で20％減額が予想されます。
別居している未婚の子であり、東北地方の実家にある自動車の任意保険を調べたのですが、人身傷害保険に加入しておらず、損害賠償はお手上げ状態です。
ほどなく、関西から東北に転院され、その後の解決は、相談がなく、不明なままです。

現在、頭部外傷、脊髄損傷後や股関節形成手術後の異所性骨化には、骨代謝改善剤が用いられており、効果を上げているとのことです。

3）被害者側が、任意保険の人身傷害保険に加入していれば、損害のリカバリーはできる？

加害者が任意保険に加入していない無保険車事故であっても、被害者が自動車を保有しており、任意保険に加入していれば、人身傷害保険、無保険車傷害保険に請求することができます。

このときの被害者が、実家を離れて自活をしていても、独身であれば、別居の未婚の子として、実家の人身傷害保険、無保険車傷害保険に請求することができます。

先の被害者は、自動車を保有しておらず、実家の自動車にも人身傷害保険の加入がありません。
深夜の飲酒による赤信号無視の横断であり、労災保険の適用も受けられず、相手方の自賠責保険のみの請求ですが、それさえも、重過失減額で、傷害・後遺障害部分は20％カットとなります。
23歳の若者で、後遺障害は高次脳機能障害で1級1号が確実視されるのですが、自賠責保険からの3200万円の支払いで解決せざるを得ません。

つい最近も、頭部外傷後の遷延意識障害について相談を受けましたが、夜間・幹線道路に路外から自転車で飛び出しており、過失割合は、50：50が予想されます。
保険屋さんは、当然のことながら、任意保険対応を拒否しています。
「こちらが被害者なのに、相手の保険の対応が受けられない、そんなバカな？」
相談が寄せられたのですが、保険屋さんの主張に大きな間違いはありません。
しかも、自宅の自動車には、任意保険の加入がありません。
We can not do anythingで相談が終わったのです。

本来なら、カバーできる損害ですが、上手の手から水が漏れるというのか？
こういうところに、重篤な事故は忍び寄ってくるのです。
日頃の備えを疎かにしてはなりません。

9　変形性股関節症

変形性股関節症は、先天性の臼蓋形成不全、発育性股関節脱臼、大腿骨頭すべり症、ペルテス病など小児の股関節の病気、また、痛風や化膿性関節炎などによる炎症を原因としたものが中心ですが、ここでは、交通事故による骨折や脱臼など、外傷を原因としたものに絞って解説します。

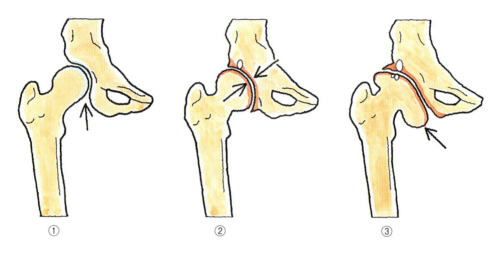

①　②　③

①股関節のすきまが保たれています。
②股関節のすきまが狭くなっています。
③股関節部の軟骨はすり減り、大腿骨頭が変形し、骨棘が見えています。

股関節に限らず、変形性関節症とは、関節の軟骨部が摩耗し、骨に変形をもたらす傷病名です。
骨盤骨骨折では、骨盤輪の連続性が失われるストラドル骨折やマルゲーニュ骨折、仙腸関節の脱臼を伴う恥骨結合離開、大腿骨頭の収まる部分の寛骨臼の挫滅的な骨折、

股関節部では、股関節後方脱臼骨折、股関節中心性脱臼の重症例では、時間の経過によって、変形性股関節症を発症することが予想されます。
軽度な股関節唇損傷であっても、損傷が見逃され、放置されることにより、股関節部の軟骨が広範囲に傷つき、変形性股関節症に移行することが考えられるのです。

症状ですが、股関節は、脚の付け根に位置しており、初期症状では、立ち上がったとき、歩き始めのときに、脚の付け根に痛みを感じる程度ですが、変形性股関節症が進行すると、持続する痛みで、足趾の爪切りができにくい、靴下が履きにくい、和式トイレや正座が困難となり、日常生活でも、長い時間の立ち仕事や歩くことがつらくなり、階段や車・バスの乗降も、手すりに頼ることになります。

股関節部のXP撮影で、確定診断がなされていますが、拡がりを観察するときには、CTが有用です。

治療は、保存療法と手術療法に分けられます。
早期であれば、保存療法で進行を抑えることができます。
鎮痛消炎剤の薬物療法、プールでの水中歩行などによる筋力トレーニング、食事制限による肥満の防止、これらの3点セットが有効です。

中期となれば、骨切り術が選択されています。
骨切り術は、関節近くの骨を切って、関節の向きを調整する、残っている軟骨部に荷重を移動させるのですが、自分の骨を使うので、破損や摩耗の心配がなく、かなりの高い活動性が確保されます。

体重がかかる部分の関節軟骨は消失し、その下にある軟骨下骨が露出する末期となると、骨切り術で改善を得ることは不可能であり、人工関節全置換術の適用となります。

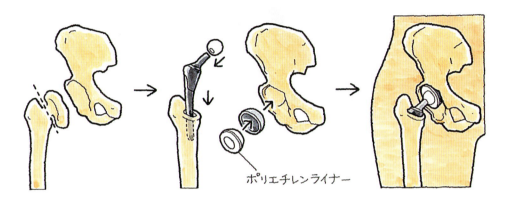

変形性股関節症における後遺障害のキモ？

1）人工関節では、
ⅰ超高分子量ポリエチレンやセラミックが普及し、耐久性が15〜20年と伸びたこと、
ⅱ無菌手術室により、感染症のリスクが低下していること、
ⅲ変形性関節症の高齢者が増えていること、
ⅳなにより診療報酬が稼げること、
これらを理由として、人工股関節全置換術の件数が急上昇しています。
そして、この程度で全置換術？　も、少なからず、見聞しています。

医大系病院から医師を招聘し、人工関節外来を新設、この治療法をセールスポイントにして、HPで宣伝している治療先も増えていますが、私は、これに反対の立場です。

2）交通事故受傷により、股関節部の粉砕骨折、寛骨臼の挫滅的な骨折では、人工股関節全置換術もやむを得ない選択となります。

しかし、中程度の骨折であれば、自分の骨を使用して骨切り術を受けることが優先されます。
自分の骨であれば、破損や摩耗の心配がなく、専門医であれば、高い活動性を確保してくれます。
その後は、プールでの水中歩行などによる筋力トレーニングや肥満の防止に努めれば、股関節を維持させていくことが可能であるからです。
参考までに、体重を1kg減らすことができれば、膝関節の負担は約3kg、股関節に対しては約4kg、階段昇降時の膝においては約7kgの負担軽減ができると報告されています。

骨切り術には、棚形成術、寛骨臼回転骨切り術、キアリー骨盤骨切り術がありますが、いずれも、関節近くの骨切りで、関節の向きを調整し、残存の軟骨部に荷重を移動させる方法が採用されています。

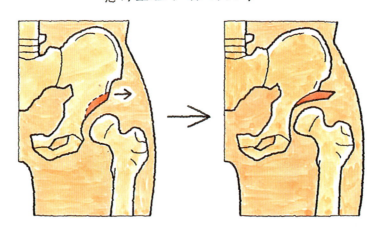

寛骨臼回転骨切り術

私見では、医大系の整形外科で関節鏡術の実績を誇っている専門医を頼るべきです。
なんでもかんでも人工関節の切りたがり救急病院、医師は避けるべきです。

3）後遺障害等級では、人工関節置換術となると10級11号が認定されます。
人工関節に置換した股関節の可動域が健側の2分の1以下に制限されているときは、8級7号が認定されますが、この後遺障害は、滅多に残すことはありません。

骨切り術では、症状固定時期を誤らなければ、12級7号ですから、1ランク下がります。
しかし、快適な生活を維持されたいのであれば、1ランク下でも骨切り術を選択すべきです。
専門医を探し出し、セカンドオピニオンで受診することです。

Boo弁が、HPで、人工股関節に置換すると併合9級になると記載していますが、間違っています。

4）さて、変形性股関節症は、交通事故後の二次性疾患ですから、治療中に変形性股関節症となってオペを受けることは少ないのです。
示談から3、5年、長ければ10年近くを経過して、オペを受けることが想定されるのです。
であっても、人工関節置換では、8級7号、もしくは10級11号が認定されることになり、前回の認定等級との差額を請求しなければなりません。

5）多年を経過しての掘り起こしは、大変面倒なものです。

ⅰ 相談するにしても、示談書の控え、前回の交通事故のファイルは、残してあるのか？
ⅱ 当時の保険屋さんは、未だ残っているのか？
ⅲ 保険屋さんは、当時の一件書類を離れた倉庫で保管しており、書類を確認に時間を要します？

骨盤骨のストラドル骨折やマルゲーニュ骨折、仙腸関節の脱臼を伴う恥骨結合離開、大腿骨頭の収まる部分の寛骨臼の壊滅的な損傷、股関節部の股関節後方脱臼骨折、股関節中心性脱臼の重症例では、時間の経過によって、変形性股関節症を発症することが懸念されるときは、交通事故に長けた弁護士に委任して示談締結することをお勧めします。

示談書に、「今後、乙に本件事故が起因する新たな後遺障害が発現したる際は、甲乙間において、別途協議を行うものとする。」掘り起こしで、逃げられないためにも、この文言の記載が必要です。

6）通勤災害、業務災害で労災保険の適用を受けているときは、保険屋さんとの示談締結後に変形性股関節症でオペを受けることになっても、再発申請書を提出すれば、治療費、治療期間中の休業給付が支払われ、オペ後の後遺障害部分の損害にも対応してくれます。

ところが、保険屋さんとなると、これらの費用の負担はされず、あくまでも後遺障害部分の損害を請求するだけとなり、オペとリハビリの治療費は被害者の負担、休業損害も、社保・組合健保であれば、傷病手当金の請求をしなければなりません。

交通事故では、勤務先に遠慮して労災保険の適用を見送る被害者がおられます。
その後に、股関節の後方脱臼骨折で人工骨頭置換術となり、後悔しきりの被害者が複数おられます。

災難は、いつでも、不手際に忍び寄るのです。

7）末期股関節症の、重労働に従事する比較的若年の男性では、膝・足関節、反対側の股関節、腰椎に異常がないときは、股関節固定術の適応がなされることがあります。
固定術により、痛みからは開放されますが、股関節が全く動かなくなり、日常生活上、不自由が多く、特に女性への適応は好ましくないと考えています。
後遺障害等級は、下肢の1関節の用廃で8級7号が認定されますが、お勧めはできません。

10　ステム周囲骨折

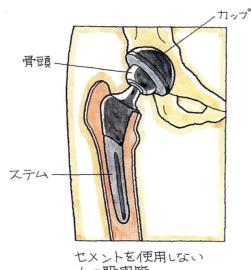
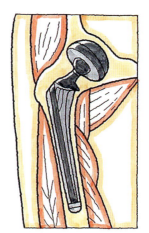

高齢化社会となり、材質の改良もあって、股関節などを人工関節に置換する人が増加しています。

それに伴い、人工関節周囲の骨折が増えているのです。

多くは、高齢者で、転倒を原因としたものですが、交通事故による骨折も、増加傾向です。

交差点で信号待ち停止中では、右足は軽くブレーキを踏んでいます。
この状態で、後方から追突を受けると、右股関節には大きな衝撃が加わります。
右股関節が人工関節では、衝撃でステムが下方に沈下し、ステム周囲が骨折することがあります。
歩行者、バイクや自転車VS自動車の出合い頭衝突では、直接的な打撃を原因として、ステム周囲の骨折を発症しています。

ステム周囲骨折は、大腿骨で発症することが圧倒的です。

症状は、局所の疼痛、腫れ、変形であり、歩けなくなります。
XPやCT検査で確定診断が行われています。
骨折に対しては、固定術の実施ですが、人工関節が緩んでいるときは、人工関節の再置換術などが検討されることになり、画像検査では、骨折による人工関節の緩みも評価しなければなりません。

治療は、ほとんどで、オペが選択されます。
骨折に対しては、プレートやワイヤーによる固定が行われ、人工関節に緩みが生じているときは、人工関節の再置換術が選択されます。
粉砕骨折や、人工関節の緩みで骨量が不足しているときは、腸骨からの骨移植も行われています。

ステム周囲骨折における後遺障害のキモ？

1）事故前から股関節は人工関節であり、10級11号の加重障害となります。
つまり、10級11号以上の等級が認定されない限り、後遺障害としての評価はありません。

2）粉砕骨折で、腸骨からの骨移植と人工関節の再置換術が行われたときは、再置換術後の股関節の可動域に注目しなければなりません。
股関節の可動域が健側の2分の1以下に制限されているときは、股関節の用を廃したものとして8級7号、腸骨の変形で12級5号、併合7級となります。
ここから、加重の10級11号分を差し引くことになります。

3）股関節の可動域に制限が認められないときは、10級11号の既往歴に腸骨の変形12級5号を加えて、併合9級となり、ここから加重の10級11号を差し引くことになります。

4）人工関節に緩みが少なく、固定術のみが実施されたときは、ステムの沈下に伴う、下肢の短縮に注目しなければなりません。
ステムが1cm以上沈下しているときは、短縮障害で13級8号が認定されます。
やはり、併合9級となり、ここから加重の10級11号を差し引くことになります。

5）被害者の多くが高齢者であり、糖尿病、腎疾患などで、再手術が困難も予想されます。
後遺障害の立証に困難が予想されます。

11 股関節唇損傷

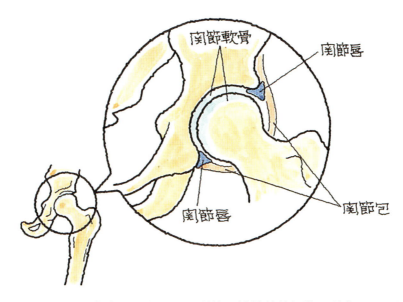

関節唇は、肩と股関節にだけに存在するもので、環状の線維軟骨組織で形成されており、関節の安定性を高める、滑り止めの役割を果たしています。
股関節唇は、股関節内の大腿骨頭が、外に外れるのを防ぐ土手のような役割をしているのです。

交通事故では、歩行者、自転車、バイクなど、転倒時に、股関節が大きく広げられることにより、関節唇に亀裂が発生しています。

股関節唇損傷が、そのまま放置されると、亀裂が大きくなるばかりでなく、裂けた軟骨が関節の中に入り込んでスムーズな動きを妨げるようになり、さらには、入り込んだ軟骨が股関節表面を傷つけ、症状は深刻化していき、やがては、オペが必要となります。

聞き慣れない傷病名ですが、ダウンタウンの松本人志さん、巨人軍の杉内俊哉投手、俳優の坂口憲二さん、アメリカではレディー・ガガさんが、この傷病名で悩みました。
松本さん、杉内さん、レディー・ガガさんは、部分切除術もしくは縫合術を受けているはずです。

股関節唇損傷では、脚を動かす動作で疼痛が走り、引っかかるような症状を訴えます。
あぐらをかく、股関節を外側に開く運動＝外旋、内側へ倒すような運動＝内旋するときに疼痛が生じ、日常的には、靴下を履く、爪を切るなどの股関節を深く曲げるような動作で疼痛が発生します。

症状が軽いときは、関節を深く曲げるような無理な動作を避け、鎮痛消炎剤の内服で炎症を抑え、症状がやわらぐのを待ちます。
重症では、関節鏡手術などの対象となります。
股関節の外側に小さい穴を、数カ所開け、内視鏡によって、損傷部を切除、あるいは縫合する股関節鏡による手術です。

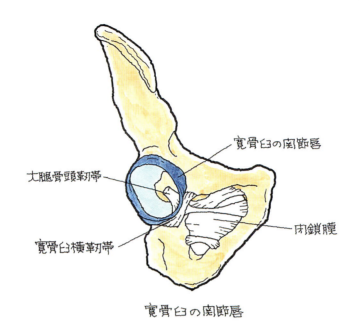

股関節唇損傷における後遺障害のキモ？

1）軽度な股関節唇損傷では、保存的な治療が選択されますが、股関節の運動制限や鎮痛消炎剤が処方され、丁寧なリハビリが行われます。
「そのうちに、治る？」放置されることは、保存療法とは言いません。
受傷から1カ月を経過するも、股関節部に運動痛があるときは、専門医を受診しなければなりません。

2）選択すべき治療先は、内視鏡術を得意としているところで、人工関節の施術数を自慢としているところではありません。
人工関節は、最終的な選択であり、関節鏡術は、それに至るまでの積極的なオペとなります。
当然、高度で熟練した技術が必要であり、どこでも良いのではなく、医大系の総合病院で、股関節部の関節鏡術の症例数の多いところを選んでください。

3）「そのうちに、治る？」放置され続けた結果、歩行に杖や片松葉が必要で、座っているだけでも、股関節部に痛みが生じるレベルとなると、関節鏡術を受けたとしても、スッキリと改善はしません。
そんなときは、症状固定として、後遺障害の申請を優先させることになります。
股関節唇損傷は、MRIで立証します。
平均的には、股関節の可動域で12級7号が認定されています。

4）股関節の可動域が4分の3以上で、機能障害に該当しないときでも、疼痛の神経症状で12級13号が認定されています。

保険屋さんは、100万円の後遺障害慰謝料に、5年程度の逸失利益を提案しますが、それでは、ムチウチの12級と同じ扱いです。
アホにされてはたまりませんから、こんなときは、交通事故に長けた弁護士に依頼し、MRIで他覚的所見が認められていることを強調して、290万円の後遺障害慰謝料と、15年以上の逸失利益を請求、獲得しなければなりません。

いずれも、示談締結後に、健康保険適用で関節鏡術を受け、さらなる改善をめざします。

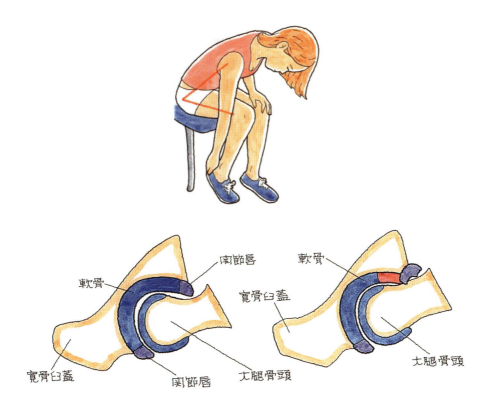

5）放置された結果、股関節唇の裂けた軟骨が関節の中に入り込み、軟骨が股関節表面を傷つけているとき、変形性股関節症と診断されたときは、関節鏡術ではなく、人工関節置換術の対象となります。
このときは、オペを先行し、その後に症状固定とします。
人工関節の置換により、10級11号が認定されます。

順序を間違えてはなりません。

12　腸腰筋の出血、腸腰筋挫傷
（ちょうようきんざしょう）

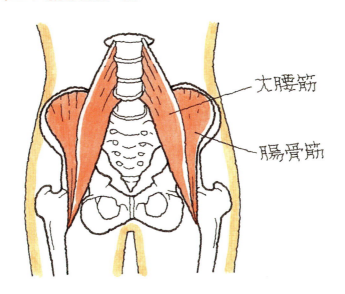

交通事故では、自転車、バイクからの転倒による打撲を原因としています。

腸腰筋は、腰椎と大腿骨を結ぶ筋肉群、大腰筋と腸骨筋の2つの筋肉で構成されています。
内臓と脊椎の間に存在し、主として、股関節を屈曲させる働きをしていますが、同時に、腰椎のS字型を維持する機能も併せ持っています。

腰椎椎体骨と大腿骨の間に腸腰筋と呼ばれる大きな筋肉があります。
腸腰筋挫傷による出血は、股関節〜下腹部の痛み、足を伸ばせないなどの症状が出現します。
右側の腸腰筋出血では、右下腹部痛により、急性虫垂炎と間違えられることがあります。
出血付近の神経を圧迫し、下肢に神経障害、知覚麻痺やしびれの症状をきたすこともあります。
大きな筋肉であることから、大量出血が認められることもあります。

出血性ショックに陥れば、血圧低下、貧血が発生します。
XP、CT検査により、腸腰筋内の高濃度吸収域＝出血、低濃度吸収域＝血腫を確認することができるので、比較的、容易に診断されます。

治療は、保存的に、再出血防止のためにベッド上で安静が指示されています。

腸腰筋挫傷における後遺障害のキモ？

1）肉離れ、筋違いで後遺障害を残すことは、通常は考えられません。
ところが、腰腸筋挫傷では、過去に12級13号、12級7号を複数例、経験しているのです。

2）どうして？
自転車VS自動車の出合い頭衝突で、左股関節〜下腹部の痛み、足を伸ばせないなどの症状を訴える、被害者が救急搬送されてきました。
医師は、XP、CT検査を行って、骨折をチェックするのですが、骨折がないと分かると、途端に、興味を失い、引き続き、エコーやMRI検査を行って筋挫傷をチェックすることはありません。
CTであっても、出血や血腫は確認できるのですが、興味を失っており、そこで止まっているのです。
「打撲で内出血していますが、日にち薬で治ります。」と決めつけてしまうのです。

3）被害者も、打撲による肉離れ、骨折がなければ、一安心で、落ち着きます。

筋肉に対する打撲の程度が大きいと、深く広範囲に内出血が発生します。
内出血が発生した筋肉内では、組織の修復活動、つまり細胞の増殖が行われるのですが、この修復活動が過剰に進むと、筋肉が固くなり、筋肉どうしが癒着することがあります。
その結果、筋肉が伸びにくくなったり、収縮機能が落ちたり、関節の動きに制限が生じるのです。

筋肉の出血は、筋肉を覆っている筋膜と筋肉の間、あるいは筋肉の中で発生しています。
出血後の血腫は、筋肉を圧迫し、運動痛や、出血量が多ければ腫れてきます。
筋肉内出血では、筋肉自体はもちろんのこと、筋肉の周囲の神経や血管を圧迫することが予想され、筋

肉自体の圧迫では、筋肉に引きつりが生じ、筋肉の長さが変わることにより、関節自体に外傷がなくても関節の可動域に制限が生じます。

神経圧迫では、その神経に麻痺が生じ、血管圧迫では、手足の先の血行障害を起こします。
これらが、長時間継続することで、後遺症を残すのです。
臀部、大腿部、肩の筋肉は、大きな筋肉であり、出血の量も問題となります。
出血性ショックに陥れば、血圧低下、貧血が発生します。

4）どうして、左股関節部に強い痛みを訴えているのか？
XP、CT検査により、腸腰筋内の出血、血腫を発見していれば、入院下で、アイシング、伸縮包帯による打撲部の圧迫、その後のリハビリ治療で完治したのです。
放置されたために、後遺症を残したのですが、12級7号で、1300万円をゲットした被害者もいます。

しかし、この後遺障害は、それなりの専門家が、研ぎ澄まされたセンスで対応しないと、医師の非協力もあって、なかなか追い込めないのです。
筋挫傷による炎症やうっ血が長期におよぶと、筋肉細胞が増殖し、硬化します。
これを医学では、硬結と呼ぶのですが、立派な他覚所見です。
上記の画像所見などの記載がないと、自覚症状だけでは、気のせい、大袈裟で非該当です。
我田引水で恐縮ですが、それなりの専門家とは、私や、チーム110のスタッフのことです。

その辺の、「ぎょうちぇいちょち」で仕切れることではありません。

●大腿骨の障害

13 大腿骨頚部骨折(だいたいこつけいぶこっせつ)

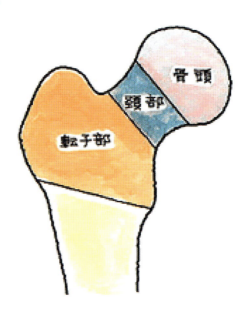

大腿骨の上部は、大腿骨頭、大腿骨頚部、転子部と呼ばれる3つの部位で構成されています。

大腿骨は頚部で内側に屈曲し、大腿骨頭と骨盤骨である寛骨臼蓋で股関節を形成しています。
ヒトは、屈曲した大腿骨で身体を支えているのですが、屈曲した部分は、転倒や転落の際に、外力が集中することになり、骨折しやすい形状となっています。

この骨折は、骨粗しょう症で骨がもろくなった高齢者に多発することでも有名です。
交通事故では、自転車や原付VS自動車の衝突で、自転車や原付の運転者に多発しており、特に、高齢者では、骨折をきっかけとして寝たきりや、外に出かけようとしない、引きこもりになってしまうことが、社会問題となっています。

医学的には、股関節の中で骨折する大腿骨頚部骨折と、股関節より膝方向に離れた関節外の部分で骨折する大腿骨転子部骨折、転子下骨折の3つに分類されています。
3つの分類の中では、大腿骨頚部骨折が、圧倒的多数です。

事故直後から、痛み、腫れ、関節の可動域制限を訴え、歩行できないことが一般的ですが、安定型の骨折では、転子部・転子下骨折に比較すると、痛みも軽く、受傷直後は歩けることもあります。
頚部骨折は股関節内骨折であり、骨折による腫れが、肘や膝のようには、目立たないのです。

単純XP撮影で、大腿骨頚部の骨折が見られます。

頚部骨折では、受傷直後に、XPで骨折が見えないことがあります。
こんなときは、MRI撮影で、骨折を探らなくてはなりません。

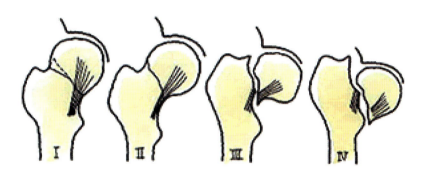

Grade Ⅰ　不完全な骨折、
Grade Ⅱ　完全骨折で、転位のないもの、
Grade Ⅲ　完全骨折で、骨頭が回旋転位しているもの、
Grade Ⅳ　完全骨折で、骨折部が離開しているもの、

イラストのⅠ、Ⅱでズレのないものは、保存的に治療が可能ですが、長期間のベッド上の安静と牽引を必要とするため、そのまま寝たきりになってしまう可能性が予想されます。
したがって、早期離床をめざす観点から、ズレがなくとも観血的に固定術が実施されるのが一般的です。
Ⅲ、Ⅳの状況、関節の中で骨折し、骨折部が転位したときは、骨頭に栄養を送る血液の流れが遮断され、骨壊死を起こし、骨癒合が困難となります。こんなときは、壊死に陥る骨頭を超高分子量ポリエチレンの人工骨頭に換える人工骨頭置換術が一般的です。

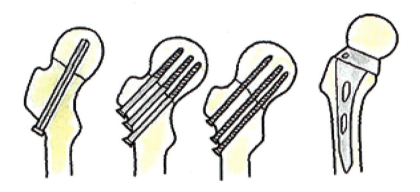

オペであれば、2日目から、立位訓練が開始されています。

難治性の理由としては、以下の4つが指摘されています。

①被害者が高齢者では、骨再生能力が低下していること、
②骨折面が斜めになるため、骨癒合を妨げ、変形・偽関節を合併する可能性が高いこと、
③本骨折は頚部を走行している2本の動脈を損傷する可能性が高く、血行障害による骨癒合不良や骨頭壊死を合併する可能性が高いこと、
④年齢からくる意欲の低下等で、効果的なリハビリがスムースに実行できないこと、

大腿骨頚部内側骨折における後遺障害のキモ？

1）股関節の機能障害、股関節の痛みが後遺障害の対象となります。

股関節	主要運動					参考運動	
	膝屈曲	伸展	外転	内転	合計	外旋	内旋
正常値	125	15	45	20	205	45	45
8級7号	15	5	5	5	30		
10級11号	65	10	25	10	110	25	25
12級7号	95	25	35	15	160	35	35

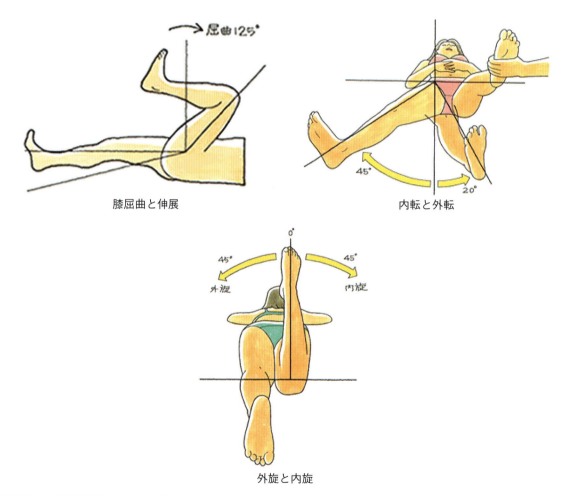

膝屈曲と伸展　　　内転と外転　　　外旋と内旋

①股関節の機能障害について？
股関節の主要運動は、①膝屈曲と伸展　②外転と内転の2種類があります。
8級7号では、2つの主要運動のすべてで、強直もしくは、それに近い状態でなければなりません。

膝屈曲・伸展と、外転・内転のいずれか一方の主要運動が、健側の2分の1以下に制限されているときは、10級11号が、4分の3以下に制限されているときは、12級7号が認定されます。
10、12級では、膝屈曲・伸展と、外転・内転が、切り離されていることを正しく理解することです。

主要運動の合計で＋10°となっても、あきらめてはいけません。
主要運動のいずれかが2分の1＋10° 4分の3＋10°では、参考運動の外旋・内旋のいずれかが2分の

1もしくは4分の3以下に制限されていれば、10級11号、12級7号が認定されます。

さて、角度だけで、等級を論じるのは、愚の骨頂です。
主要運動の1つが2分の1以下に制限されていても、爺さん会は、「どうして2分の1以下なの？」
その整合性について、異常なほどに、こだわって、審査しているからです。

本件は骨折ですから、整合性は、骨折の形状とオペの内容、その後の骨癒合にあるのです。
したがって、骨折後の骨癒合は、3DCTで立証します。
GradeⅠで骨折線が不明瞭なときは、MRI撮影で立証しなければなりません。

立証せざるもの、後遺障害にあらず！
不十分な立証では、等級は薄められてしまいます。

②人工骨頭または人工関節に置換されたときは、10級11号が認定されます。
この立証は、XPで十分です。

ルール上は、人工骨頭または人工関節を挿入置換し、かつ当該関節の可動域が健側の2分の1以下に制限されたときは、8級6号が認定すると規定されていますが、滅多に発生していません。
8級6号では、MRI、3DCTの撮影を受けなければなりません。

2）症状固定時期について？
高齢者以外では、抜釘後に症状固定、後遺障害診断を受けることになります。
抜釘のタイミングは、骨癒合が得られた時点であり、常識的には6カ月前後です。
早期の症状固定であれば、股関節の機能障害で12級7号が見込めます。

同じことは、高齢者にも言えます。
高齢者であれば、抜釘は想定外、痛い思いをしなくても、将来、焼き場で回収することになります。
私自身が68歳のジジイですから、過激に発言しています。
であれば、だらだらリハビリを続けるのではなく、6カ月を経過した時点で症状固定とするのです。
であれば、股関節の機能障害で、12級7号は、ほぼ、確実です。
弁護士に依頼すれば、後遺障害の慰謝料は、290万円となります。
それで、温泉旅行を楽しみ、交通事故を忘れてしまえばいいのです。

実は、無料相談会では、高齢者の後遺障害が相談されることが多いのです。
例外なく、1年以上のリハビリ通院を続け、非該当もしくは14級9号で、なんとかならないか？
このような、欲の皮が突っ張った相談となります。
我々の年代は、痛みや苦しみを他人に見せない美学があったのですが、交通事故に限っては、そんな美学を有していない、爺さん、婆さんが増えている傾向です。
本人にしてみれば、1年以上も入通院で苦しんだのに、納得できない感情に振り回されているのですが、漫然治療で、12級7号のハードルを飛び越える改善が得られており、万事休すなのです。
相談会では、後悔、役に立たずとお話ししています。

14　大腿骨転子部・転子下骨折

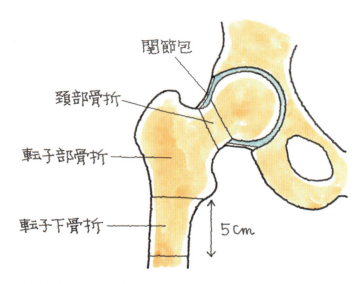

従来は、関節包の内側骨折を大腿骨頸部内側骨折、関節包の外側骨折を大腿骨頸部外側骨折と2つに分類していたのですが、最近では、欧米の分類にならって、関節包の内側骨折を大腿骨頸部骨折とし、関節包の外側骨折を大腿骨転子部骨折、大腿骨転子下骨折と3つに分類しています。

大腿骨転子部骨折は、足の付け根部分の骨折であり、交通事故では、自転車・バイクVS自動車の衝突で、自転車・バイクの運転者に多発しています。
高齢者の転倒では、橈骨遠位端部、上腕骨近位端部と大腿骨頸部・転子部の骨折が代表的です。

転子部・転子下骨折では、事故直後から足の付け根部分に激しい痛みがあり、立つことも、歩くこともできません。骨折の転位が大きいときは、膝や足趾が外側を向き、外観からも、変形を確認できます。

単純XP撮影で、大腿骨転子部に骨折が見られ、確定診断となります。
安定型、不安定型のどちらであっても、早期離床を目的として、ほとんどで、オペが選択されています。
早期のオペ、早い段階からリハビリテーションで、起立、歩行ができるように治療が進められています。

大腿骨転子部骨折は、頸部骨折に比べて血液供給のいい部位であり、骨癒合は比較的順調です。

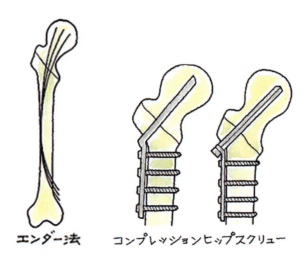

安定型では、手術侵襲の少ないエンダー法ですが、転位が激しいときは、CCHS固定により、オペが実施されています。

大腿骨転子部／転子下骨折における後遺障害のキモ？

1）股関節の機能障害と痛みが後遺障害の対象です。
転位の少ない安定型の骨折で、被害者が若年者であれば、ほとんどで、後遺障害を残しません。

しかし、骨折の形状、骨癒合の状況によっては、機能障害や痛みの残存が予想されます。
傷病名で後遺障害等級が決まるのではなく、骨折の形状と、その後の骨癒合、そして症状固定時期が、重要なポイントになることを覚えておくことです。

2）人工関節の緩み、耐久性などについて？
「主治医より、耐久性が15年と言われており、将来の再置換術にどう対応したらいいのか？」
人工骨頭、人工関節置換術では、決まって、このような相談が行われます。
医師は、予後については、やや大袈裟に説明する傾向です。

昭和50年当時は、人工関節の材質としてポリエチレンが使用されており、短期間での摩耗や、置換後の骨との緩みが問題となっていました。しかし、現在では、材質は超高分子量ポリエチレン、骨頭についてはセラミックが使用されており、耐久性についても15～20年と報告されています。
そこで、自賠責保険は、人工関節置換の等級を8級7号から10級11号に格下げしているのです。

人工関節を長持ちさせるには、重労働や過度の運動を慎み、肥満の防止や、補助的に杖を使用するなどの努力を継続しなければなりません。
その前提であれば、耐用年数については、過剰に心配することもありません。

将来、人工骨頭や人工関節の再置換が必要となったとき、労災保険は再発申請でこれを認めます。
この点に、変更はありません。

3）人工骨頭、人工関節の置換術による8級7号について？
人工関節では、脱臼予防の観点から関節の可動域には一定の制限が指導されます。
結果、股関節の可動域が2分の1以下の制限となれば、8級7号が認定されます。
破壊的な骨折でもない限り、2分の1以下になることは、考えられません。

15 大腿骨骨幹部骨折

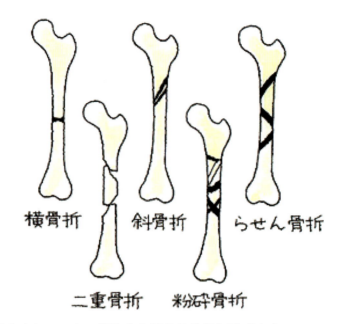

大腿骨の中央部で関節を有していない部位を大腿骨骨幹部と呼びます。
交通事故では、この骨折が多発しています。
バイクを運転中、大腿部に車の衝突を受けたときは、意外と簡単にポッキリと骨折します。
衝突の衝撃で空中に投げ出され、膝を地面に打ちつけて転倒したときは、捻れるように骨折します。
衝突の衝撃が相当に大きいときは、粉々に骨折します。
しかしながら、大腿骨骨幹部は、比較的血行が保たれており、骨折後の骨癒合は良好です。

症状は、骨折した部位の腫れ、疼痛と変形により患肢が短縮し、歩行は不可能な状態です。
単純XP撮影で骨折の確認ができます。

大腿骨骨幹部骨折を最初に説明した2000年頃は、直達牽引＋ギプス固定の保存療法が主体でした。

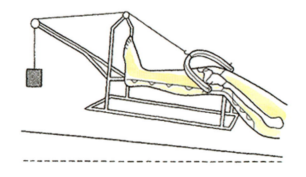

現在、ほとんどの整形外科医は、直達牽引後のギプス固定は、入院期間が長くなること、長期の固定による精神的・肉体的ストレス、筋萎縮、関節拘縮などの合併症を無視できないことから、入院期間を短縮し、合併症を最小限にするオペを積極的に採用しています。
小児の骨折であっても、同様にオペが選択されており、歓迎できる傾向です。

●大腿骨の障害

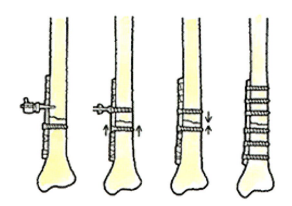

大腿骨骨幹部骨折における後遺障害のキモ？

1）転位の少ない横骨折、斜骨折では、常識的には、後遺障害を残しません。

2）問題となるのは、開放性粉砕骨折を代表とする高エネルギー損傷です。
開放性粉砕骨折では、神経や血管障害、脂肪塞栓の合併損傷を伴うことが多く、受傷直後や急性期には、全身状態の管理が絶対に必要となります。

経験則では、肺脂肪梗塞で3級3号の高次脳機能障害の認定が1例あります。
大腿骨骨幹部骨折後の肺脂肪塞栓では、被害者の死亡例も2例、経験しています。

開放性粉砕骨折では、骨片が多数、骨欠損があるもの、整復した骨片の位置が正常な位置関係にないものがほとんどであり、偽関節、骨変形、不整癒合、MRSAの院内感染などが後遺障害の対象として予想されます。

3）骨癒合は、比較的良好な骨折ですが、偽関節を起こすこともあります。
偽関節、仮関節は、骨折部の骨癒合が停止しており、異常可動性を示す状態です。
医学の世界では、一部の骨癒合不良でも偽関節と診断しますが、爺さん会の判定は、骨折部の周囲のすべてで骨癒合が停止している状況であり、骨折部に異常可動性が認められるときに限って偽関節と認定するのです。大腿骨の偽関節であれば、8級9号が認定されます。

4）まっすぐではなく、大腿骨が変形して癒合することがあるのですが、この変形が、15°以上の不正弯曲であれば、12級8号が認められます。

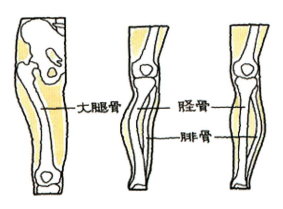

5）骨折部が外反や内反で、つまり外向きや内向きで不正癒合したときは、

骨は屈曲変形しておらず、足の向きが曲がっているのですが、その角度が外旋で45°以上、内旋で30°以上であれば、12級8号が認められます。

6）現在では、非常に稀ですが、旧来の保存療法、長期間のギプス固定で、大腿の筋肉が萎縮し、膝関節が拘縮することがあります。
医原性の後遺障害ですが、黙ってさえいれば、左右差で4分の3以下であれば、12級7号が、2分の1以下であれば、10級11号が認定されます。

治療先の見極めも、大切です。

16　大腿骨顆部骨折

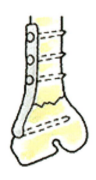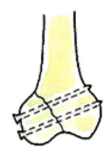

脛骨と膝関節を構成している大腿骨の遠位部の骨折です。
大腿骨遠位端骨折、大腿骨顆上骨折の傷病名も同義語で、分かりやすく言えば、膝近くの、太ももの骨折ということです。

交通事故では、車のバンパーやダッシュボードに大腿骨遠位部を打ちつけることで発症しています。

大腿骨顆部骨折は、骨折時に骨折片が膝の後方に押しやられ、膝の後方を走行している膝窩動脈損傷を合併することが多いので、注意を要します。
膝関節に近い部分の骨折であり、膝の可動域制限や歩行に支障をきたすなど、後遺障害を残すことが多く、治療の困難な骨折です。

症状は、膝周辺の激痛と腫れ、膝関節の異常可動が認められ、歩行はできません。
単純XP撮影で大腿骨顆部の骨折が認められます。

●大腿骨の障害

従来、転位のないものは、徒手整復後、大腿から足先までのギプス固定でしたが、膝関節の拘縮をきたす可能性が高いところから、最近は前のイラストに見られるオペによる内固定が採用されています。
術後、早期からCPM＝持続的他動運動器を用いて膝部の屈伸運動訓練が開始されます。

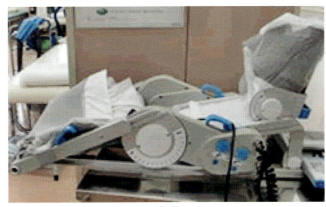
CPM

大腿骨顆部骨折は、膝窩動脈損傷を伴うことが多く、この場合、損傷より末梢に血液が供給できなくなり、壊死に発展、切断が検討されます。

交通事故では、大腿骨だけの骨折にとどまることなく、同一下肢の大腿骨と脛骨を同時に骨折する、膝関節内骨折となることが多いのです。

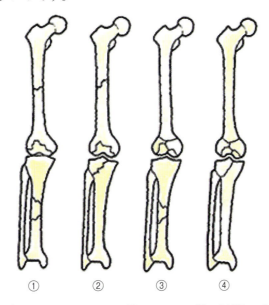
① ② ③ ④

4例の図を示しましたが、①は関節面の骨折を伴っておらず、早期に内固定を実施すれば、良好な回復が期待できます。②③④は関節面の骨折を伴っているケースです。
中でも④は、腓骨神経の断裂、膝窩動脈損傷を合併することが多く、治療が極めて困難で、切断も視野に入れた検討がなされています。

大腿骨顆部骨折における後遺障害のキモ？

1）骨折により、重症度が違います。
Grade Ⅰ　骨折が関節面に達していないもの、

Grade Ⅱ　骨折が関節面に達しているが、関節面の１部は骨端と連続しているもの、
Grade Ⅲ　関節内骨折が、骨端部から分離しているもの、

※ Grade Ⅲは、骨端部と関節面の単純骨折と骨端部と関節面の粉砕骨折の２つに分類されています。

２）この骨折が見逃されるなんてことは、常識として、ありません。
そして、現在では、大腿骨顆部骨折を保存的に治療することは、極めて異例なこととされており、全件がオペ、プレート、スクリューなどによる内固定がなされています。

もし、保存的治療が選択されたときは、長期の入院、膝関節の拘縮、そして遠位部骨片の伸展変形や関節面の不整の後遺障害が予想され、とりわけ高齢者では、長期の臥床により、寝たきりとなる危険性があるので、ただちに、治療先から転院しなければなりません。

関節面の骨折を伴わない顆上骨折、Grade Ⅰであれば、プレートやスクリュー固定とCPMの使用で改善が得られ、後遺障害を残すことなく治癒しています。
関節に近い部位に、プレート固定がなされると、関節包、靭帯など、関節周囲の組織が影響を受けて、関節が硬くなる、拘縮の発症が予想されるのですが、これを防止するのがCPMの役目です。

３）問題は、Grade Ⅲで開放性粉砕骨折をしているもの、後十字靭帯の剥離骨折、半月板損傷を合併している重篤例です。
優れた専門医のオペであれば、症状固定までに１年間近くを要しますが、経験則では、不可逆的な損傷では、10級11号もありますが、大半は12級7号どまりで、かなりな改善が得られています。

４）専門医でないときは、ほぼ確実に、重篤な後遺障害を残します。
しかし、
①MRIで軟骨損傷、半月板損傷や前・後十字靭帯損傷を立証する、
②膝関節の不整を3DCTで、明らかにする、
③動揺関節を、膝関節のストレスXP撮影で左右差を証明することもなく、

主として、被害者の自覚症状を中心とした後遺障害診断書の作成がなされることが、一般的です。
後遺障害の丁寧な立証は、自分がヤブであることを証明することになるからです。

一方、被害者も、後遺障害に記載されている内容を理解しないまま、保険屋さんに渡しています。
その結果、杖なしでは、歩行もままならないのに、14級9号が認定された？
この仕打ちに、愕然とされ、無料相談会に来られる被害者が、後を絶たないのです。

５）ここから立証作業に着手しても、２カ月はかかります。
立証を完了し、異議申立を行っても、認定結果が通知されるのは、平均６カ月以上を要します。
その後の損害賠償を考慮すれば、らくに１年以上です。
ですから、受傷から２カ月以内に、相談会に参加してくださいと申し上げているのです。
被害者が入院中であれば、家族が参加すれば、いいのです。

17　梨状筋症候群

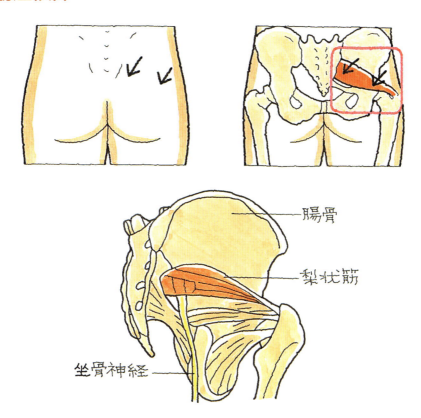

　梨状筋は、お尻の中央部の仙骨から、大腿骨の頚部に伸びており、股関節を外旋させ、足先を外に向ける働きをしています。
　他方、坐骨神経は、骨盤から出てきた後に梨状筋の下部を通過します。

　梨状筋の中を走行する坐骨神経が、交通事故外傷などで、臀部を強烈に打撲するか、股関節捻挫により、圧迫、絞扼されることにより、坐骨神経痛を起こし、臀部の疼痛、坐骨神経の走行領域の下肢に放散する疼痛やしびれをきたす疾患のことを梨状筋症候群と呼んでいます。
　坐骨神経の、絞扼性神経障害です。

　主たる症状は、臀部痛と座骨神経痛、間欠性跛行であり、数分の歩行で両足または、片足全体に痛み、しびれなどが出現し、歩けなくなるのですが、しばらく休息すると、再び歩行ができるのですが、これを繰り返します。

　症状的には、腰椎椎間板ヘルニアによる根性坐骨神経痛と酷似しており、以下の鑑別診断が行われています。

①梨状筋郡、坐骨神経に圧痛があり、チネル徴候が陽性で放散痛を再現できること、
②臀部打撲などの外傷が認められ、坐位や特定の肢位、運動で疼痛が増強すること、
③圧痛が局所麻酔の注射で消失、または軽減すること、
④ラセーグは陰性、誘発テストであるKボンネットテストが陽性であること、

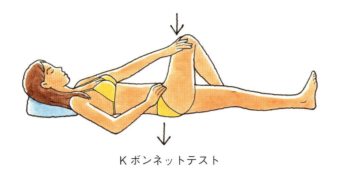

Kボンネットテスト

⑤神経症状は腓骨神経領域に強いこと、
⑥腰椎疾患が除外できること、

ヘルニアが、腰部の神経根を圧迫すると根性坐骨神経痛が起こるとされており、腰椎に椎間板ヘルニアが認められるときは、ヘルニアによる坐骨神経痛という診断が優先されます。

治療方法は、保存療法が中心です。
安静が指示され、非ステロイド系抗炎症剤や筋弛緩剤、ビタミンBの内服で痛みを緩和され、梨状筋ストレッチのリハビリが行われています。
これらで改善が得られないときは、神経ブロック、梨状筋ブロック療法が実施されています。

神経ブロック療法でも効果が得られないときは、脊椎の専門医による梨状筋切離術となりますが、私は、1例の経験もありません。

梨状筋症候群における後遺障害のキモ？

1）先の症状を訴えても、ほとんどの整形外科医は、座骨神経痛や腰椎椎間板ヘルニアと診断し、MRIの撮影は指示しても、その後は放置することが一般的です。

2）放置されても、自然治癒すれば問題はないのですが、重量物を扱う仕事や中腰作業で腰部に大きな負担がかかる仕事、デブでは、症状は悪化します。

3）無料相談会では、杖をついて参加される被害者もおられます。
受傷機転を確認、MRIをチェックしてヘルニア所見が認められないときは、医師ではありませんが、私は梨状筋症候群を疑います。

4）治療先に同行したチーム110は、梨状筋症候群の可能性を説明し、後遺障害診断を受けます。
とっくに、6カ月以上を経過しており、今さら、梨状筋ブロックや切離術は選択しません。
先に、後遺障害等級を申請し、その後の健康保険による治療で改善をめざします。
等級は、14級9号、12級13号の選択です。

事故直後から、先の症状を訴えていれば、
①梨状筋群、坐骨神経に圧痛があり、チネル徴候が陽性で放散痛を再現できること、

②臀部打撲などの外傷が認められ、坐位や特定の肢位、運動で疼痛が増強すること、
③圧痛が局所麻酔の注射で消失、または軽減すること、
④ラセーグは陰性、誘発テストであるKボンネットテストが陽性であること、
⑤神経症状は腓骨神経領域に強いこと、
⑥腰椎疾患が除外できること、
上記の6つを丹念に立証していくことにより、等級は認定されています。

●膝・下腿骨の障害

18　膝関節の仕組み

Q 膝関節は、どんな骨で構成されているのですか？

膝関節は、太もも＝大腿骨と、すね＝下腿骨をつないでいます。

膝関節は、大腿骨と脛骨、そして膝蓋骨（しつがいこつ）の3つの骨で構成されています。

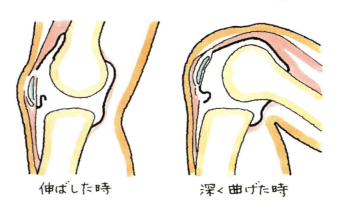

伸ばした時　　　深く曲げた時

Q 膝関節で接している骨とは？

大腿骨と脛骨が接しています。

脛骨の関節面は、ほぼ平らで、その上を、大腿骨の丸い先端が滑るように動きます。

平らな骨と丸い骨の組み合わせであり、それが滑るように動くので、とても不安定な関節です。

そのため、大腿骨と脛骨、膝蓋骨と大腿骨の関節内面は、軟骨というクッションで覆われています。
大腿骨と脛骨の関節面には、さらに半月板と呼ばれる、もう1つのクッションも存在しています。

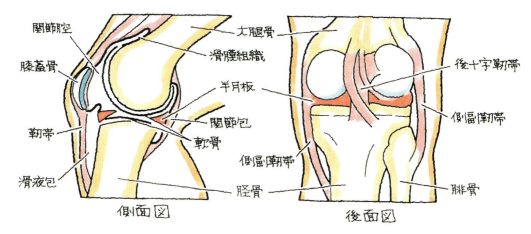

Q 軟骨だけで膝関節は安定するのですか？

膝関節には、4本のベルト、つまり靭帯が張り巡らされており、これらの靭帯によって、大腿骨と脛・

●膝・下腿骨の障害

腓骨は、硬く締め付けられており、膝関節の前後左右の安定性が保たれています。

Q 靭帯で締め付けても、膝関節は動くのですか？
靭帯は、膝関節が前後、左右に動揺するのを防止しているのです。

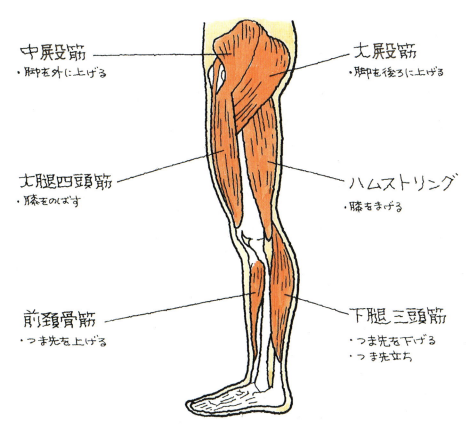

膝の曲げ伸ばしは、筋肉や腱の働きであり、大腿四頭筋や膝蓋腱は膝を伸ばす働きを、膝屈筋は膝を曲げる働きを担当しています。

膝関節全体は、滑膜という柔らかい膜で裏打ちされた関節包という袋に包まれています。
滑膜では関節液がつくられ、膝の滑らかな動きや軟骨の栄養補給に大切な役割を果たしています。

Q 交通事故では、どんな外傷がありますか？
代表的には、大腿骨顆部骨折、脛骨顆部骨折、膝蓋骨骨折、半月板損傷、前十字靭帯損傷、後十字靭帯損傷、内側側副靭帯損傷です。
中でも、脛骨顆部骨折では、半月板損傷や靭帯損傷を合併することが多く、後遺障害が予想される重症例です。

19　膝関節内骨折　脛骨顆部骨折(けいこつかぶこっせつ)

診断書には、脛骨顆部骨折、脛骨近位端骨折、脛骨高原骨折、プラトー骨折と記載されています。
年配の医師は、脛骨高原骨折、脛骨近位端骨折、若手の医師はプラトー骨折、脛骨顆部骨折と記載する印象ですが、いずれにしても、同一の傷病名です。

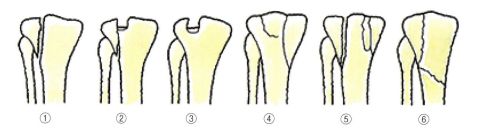

脛骨の上端部の外側部を外顆、内側部を内顆と呼んでいます。
脛骨顆部骨折は、外顆に多く、陥没骨折の形態となるのが特徴です。

脛骨顆部骨折は、膝に衝撃が加わった際に多く発症します。
膝に対する衝撃なので、脛骨顆部骨折は単独で起こることは少なく、通常は、膝の靭帯損傷や脱臼、膝蓋骨骨折などを伴います。

イラストでは、骨の上端部がホンの少し骨折したイメージですが、軟骨損傷を伴い重傷です。
上肢・下肢とも、関節部の骨折は関節の運動制限や骨癒合の不良を伴い、難治性です。

症状は、受傷直後から、激痛、腫脹、膝の変形、痛みによる運動制限などが出現し、ほとんどで歩くことができません。
診断は、単純XP撮影が中心ですが、軟骨損傷、靭帯損傷、半月板損傷などを想定するのであれば、MRIや関節鏡検査が有用です。

脛骨顆部は海綿状の骨であるところから、骨欠損部には骨移植を必要とし、強固な内固定が得られにくいのが特徴です。
転位のないものは、保存的にギプス固定となりますが、多くは手術となります。

陥没骨折では、膝部外顆関節面の軟骨損傷を伴うことから、後遺障害を遺残し、5〜10年の経過で、深刻は変形性関節症に発展することも予想されます。

①②③は、外顆部の骨折と陥没骨折です。
④⑤⑥では、外顆、内顆、全体の骨折で、陥没変形をきたしています。
②④では腓骨の骨折を伴うこともあります。

②陥没骨折に加えて骨折片転位が認められるときは、関節面を戻すとともに骨折片をスクリューまたはプレートで整復固定がなされています。
このタイプは関節面の壊れ方がひどくなるため、後遺障害を残しやすく、正確な整復が必要です。

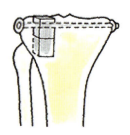
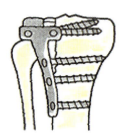

③陥没骨折では、陥没部の真下側に穴をあけ、関節面を整復し、できた空洞に自分の腸骨や人工骨を埋め、スクリューで固定します。

④⑤⑥内顆骨折では、わずかな転位でも内反変形＝O脚変形となることが予想され、放置すると、将来、変形性関節症になりやすいので、オペにより、しっかりと固定しなければなりません。

関節面に段差のあるときは、骨移植、内固定をしっかり行うことは当然なのですが、関節鏡を使用して合併する靭帯損傷を修復し、半月板損傷は可能であれば縫合、不可能であれば切除し、関節面の整復を正確に実施する必要があります。
不完全な治療が行われたときは、被害者は近い将来、外傷性膝関節症に悩まされることになります。

関節面の段差が8〜10mmでは、一般に保存的治療が選択されていますが、専門医であれば、5mm前後から関節鏡を使用して、軟骨損傷、靭帯損傷、半月板損傷などを検証、それらを正確に診断し治療を適切に行っています。

この骨折の治療期間は全荷重が許可されるまで8〜12週間を要しています。
術後は、膝の可動域制限を防止する観点から、CPM＝持続的他動運動器を使用されています。

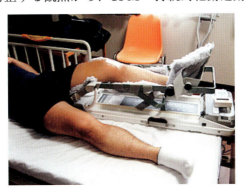

膝関節内骨折、脛骨顆部骨折における後遺障害のキモ？

1）後遺障害の対象は、膝関節の可動域制限と疼痛です。
私の、これまでの経験則では、脛骨顆部骨折は、機能障害で、12級7号が認定されています。
交通事故外傷と後遺障害をアップした2002年頃は、多くが10級11号でした。
関節鏡術が進化したこともあり、10級11号は減少傾向となっています。
3DCTで骨癒合状況を、MRIで軟骨損傷のレベルを立証しなければなりません。

2）膝関節の疼痛では、患側と健側の膝関節部について、XP正面像の撮影を受けます。
2つの比較で、患側の関節裂隙狭小化を立証します。
さらに、MRI、3DCTで軟骨下の骨硬化や関節面の不整などを立証することができれば、局部の頑固な神経症状として12級13号が認定されます。

3）骨移植による腸骨の変形は、体幹骨の変形として12級5号ですが、裸体で変形が確認できることが認定の要件です。脛骨顆部の陥没骨折であれば、骨採取も少なく、腸骨後方からの骨採取により変形

が目立つこともなく、要件を満たさないことが大半です。
人工骨を用いた骨移植は後遺障害として考慮されません。

4）不完全な治療が行われた結果、2分の1以下の可動域制限と膝部の疼痛を残しているときは、治療先に問題があったのですが、それは無視して、症状固定を選択することになります。
治療先でXP、画像診断クリニックで3DCT、MRI撮影を受け、変形性骨癒合、軟骨損傷、関節面の不整、軟骨下の骨硬化を丁寧に立証すれば、10級11号が認定されます。

症状固定ではなく、専門医による再固定術を想定します。
膝関節は陳旧性に変性しており、再固定術では、最低でも4カ月の入院が必要となります。
すでに、受傷から3カ月以上の休業が続いており、新たに、6カ月の休業となれば、サラリーマンとしての人生は、そこで終わってしまいます。
さらに、陳旧性ですから、どこまで改善するか？　保証の限りではありません。
やはり、10級11号を確定させてから、再手術のタイミングを計ることになります。

骨折面の固定はできても、関節面の正確な整復は、やはり専門医でないと不可能な状況です。
手術では、医大系の膝関節外来を受診、評価の高い専門医を選択する必要があります。

20　脛骨と腓骨の働き、腓骨って役目を果たしているの？

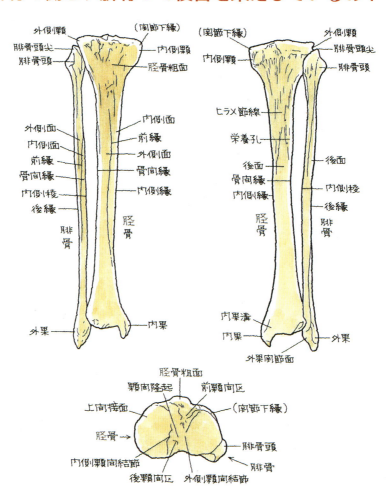

●膝・下腿骨の障害

脛骨とは、膝と足首の間にあり、すねを形成する太い骨のことで、下腿の前面内側に位置し、腓骨と対になって下腿を支えています。

脛骨は、大腿骨に続いて、二番目に長い骨で、膝から上の全体重を支える役目を果たしています。
すねをぶつけて飛び上がるほど痛いところ、いわゆる弁慶の泣き所は、脛骨です。

交通事故では、膝関節と連結しているため、脛骨を骨折すると、関節内の構造体である半月板や靭帯損傷を合併し、重症化することが多いのです。

膝のお皿の下を外側に触っていくとボコッと出ている骨があります。
その出っ張りと、足首の外くるぶしを結んでいるのが腓骨です。

脛・腓骨骨幹部骨折では、腓骨の一部を骨採取し、脛骨の骨折部に移植することも行われており、腓骨は骨折しても日常生活に影響しないと思われていますが、腓骨は、実は、膝や足首の痛み、足の疲労に大きく関係しています。

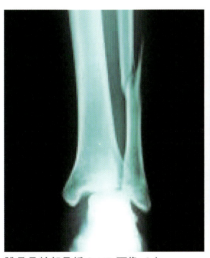 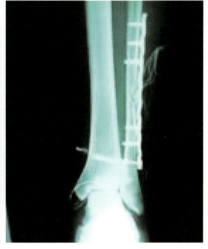

腓骨骨幹部骨折のXP画像です。
転位が大きく、AOプレートで内固定されています。

腓骨の役割は、2つあるのですが、まず第1は、歩行時の衝撃の吸収です。
人は、地面からの反発力を吸収しながら歩き、走っています。
一歩一歩ごとのショック・アブソーバー機能は、腓骨の働きによるものです。

もう1つの役割は、腓骨の存在により、その下の足関節を、さまざまな方向に動かせることです。
サッカーの絶妙なシュートやパス、あるいはドリブルなどは、下腿骨が2本あることにより、足首が自在に動くことではじめて可能になるのです。

最近、腓骨体重によるO脚が問題提起されています。
太さが脛骨の4分の1に過ぎない腓骨に頼り、足の外側で体重を支えている人が増えているのです。

体重は太い骨の脛骨に掛けるべきですが、無意識に腓骨に体重をかける人が増えているのです。
脛骨体重では、かかとに体重が乗り安定しますが、腓骨体重では、かかとに体重がうまく乗らず、小指

側体重になり、バランスを外側に崩しやすい、膝痛、足首の痛み、ふくらはぎの疲れ、Ｏ脚になりやすくなるのです。どの骨に体重をかけるかで足の負担が変わるので、ここは、重要なポイントです。

腓骨は、転位しやすい骨であり、腓骨体重、足組み、草むしりなど膝を曲げる姿勢などを長時間続けると、腓骨は、やや外側に転位していきます。

腓骨は、腓骨神経を圧迫しやすいため、腓骨のズレが大きくなると、膝下の外側から足の甲にかけてのしびれや感覚異常？　足首や足指を上げることができない？　つまずきやすくなった？
これらの症状が出現します。
腓骨の転位は、痛みだけでなく、しびれにも関係してくるのです。

足に痛み、しびれがある、足が疲れやすい方は、膝下５〜10cmの位置を手ぬぐいなどで、きつめに縛ってください。　腓骨の外側のズレが抑えられることで、脛骨体重となり、足首と膝が安定するのです。
これを１カ月ほど続けると腓骨の外側のズレは改善され、自然に脛骨体重となります。
この間は、長時間の足組み、しゃがみ込む姿勢は避けなければなりません。

モデル歩きを気取って、挙げ句の果てにＯ脚では、お話になりません。

21　脛骨顆間隆起骨折（けいこつかかんりゅうきこっせつ）

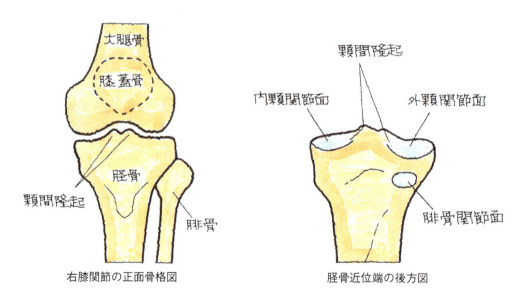

右膝関節の正面骨格図　　　　脛骨近位端の後方図

８〜12歳の小児に好発、成人でも発生している前十字靭帯付着部の剥離、裂離骨折です。
前十字靭帯損傷と同じですが、交通事故では、自転車やオートバイの転倒、田んぼや崖下への転落で発生しています。

脛骨の上部で剥離しているのは、前十字靭帯であって、大腿骨ではありません。
脛骨顆間隆起骨折は脛骨の前十字靭帯付着部の裂離骨折であり、骨折は前十字靭帯の牽引力によって生じるもので、損傷のレベルでは、Meyersの分類が最も広く用いられています。

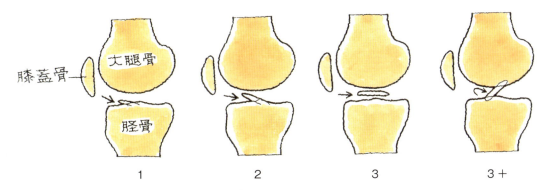

1型　骨片が母床からほとんど離れていないもの、
2型　骨片の前1/3〜1/2が浮き上がっているが後方では母床との連続性が保たれているもの、
3型　骨片全体が母床から完全に遊離しているもの、
3＋型　骨片が後方に反転転位しているもの、

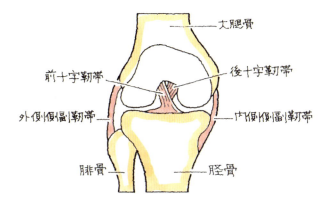

骨片の転位の程度により4タイプに分類され、治療法の選択がなされています。
1、2型に対しては保存療法を、2型のうち、骨片の存在により完全伸展が不能な例、前方動揺性が強い例と3型については、オペの適応となります。

症状は、膝関節の捻挫、打撲後に、急激に膝関節が腫れて強い痛みを訴え、膝を伸展することができなくなります。診断では、XP検査と注射器による関節液の吸引が行われます。
転位がない、軽微なときは、XPで判断できませんが、膝関節内で骨折や靱帯損傷があるときは、吸引した関節液に血液が混入します。
骨折の有無を評価するのにはCT、MRIが有用です。

治療は、整形外科にて整復と固定が行われます。
顆間隆起が完全に剥離して、骨片の固定が不可能なときは、オペによる整復固定が行われますが、そうでないときは、保存的に徒手整復後、膝関節を20°屈曲位に固定します。
保存的療法では、平均すれば、4〜5週の固定期間です。
予後は良好で、後遺障害を残すことは、ほとんどありません。

しかし、発見が遅れたものや、発見後、放置されて陳旧化したものは、膝の可動域制限や関節の安定性を失い動揺関節を生じます。
当方の出番です。

脛骨顆間隆起骨折における後遺障害のキモ？

1）私は、大人の脛骨顆間隆起骨折は、前十字靭帯損傷と捉えてアプローチしています。
私のところに相談に来られるのは、ほぼ全員が、発見が遅れたもの、発見するも放置され陳旧化したものばかりですが、Lachmanテストを行い、脛骨の前方引き出しのレベルを確認しています。

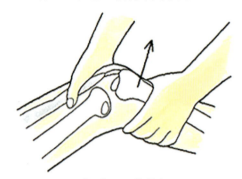

Lachmanテスト
膝を15〜20°屈曲させ、前方に引き出します。
前十字靭帯損傷では、脛骨が異常に引き出されます。

動揺性が認められるときは、ストレスXP検査で左右差を立証します。
経験則では、5〜8mmで12級7号、8〜10mmで10級11号が認定されています。
10mm以上で8級7号もありますが、脛骨顆間隆起骨折では、ここまでの動揺性を経験していません。
大多数は、12級7号が認定されています。
ポイントは、ストレスXP撮影による動揺性の立証にあります。

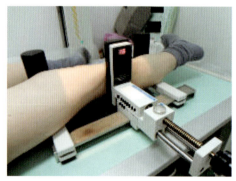

テロスSE使用によるストレスXP撮影

「Lachmanテストにより7mmの動揺性を認める？」
後遺障害診断書に記載されても、それだけでは立証したことにはなりません。
必ず、テロスSE使用によるストレスXP撮影を受け、画像分析ソフト、ONISにより左右差で7mmの動揺性あり、と結論しなければなりません。
なお、動揺性が10mmを超えていれば、前十字靭帯は断裂していると診断されます。

当然ながら、3DCT、MRIで脛骨顆間隆起骨折後の骨癒合レベルの立証も忘れてはなりません。

2）いつ、症状固定とするのか？
相談に来られたときに6カ月以上が経過していれば、ただちに、症状固定を決断することになります。
陳旧性の前十字靭帯再建術となると、最低でも、4カ月の入院、2カ月のリハビリ通院が必要です。
さらに、どの程度まで改善が得られるか？ 保証の限りではないのです。

その治療費を保険屋さんが負担する？　これは夢物語です。
仮に、負担してくれるとしても、さらなる6カ月の休業を許してくれる職場はありません。
こんなことを強行すれば、その時点で、被害者の会社人生は終わってしまうのです。

「アイ　キャント　ドゥ　エニシング？」で症状固定を選択します。

22　膝蓋骨骨折？

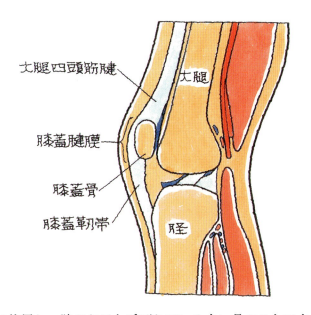

膝蓋骨は、膝関節の前方に位置し、膝のお皿と呼ばれている丸い骨のことです。
膝蓋骨は、裏側の軟骨部で大腿骨と関節を有し、膝の曲げ伸ばし運動を滑らかに行い、膝関節の動きの中心としてサポートする役目を果たしています。
私は、自動車で言えばバンパー、つまり、膝関節への直撃をやわらげる衝撃吸収装置の役目も果たしていると考えているのですが、どの医学書にも、そのような記載はありません。

交通事故では、自転車、バイクと自動車の衝突で、車のバンパーで直撃を受ける、跳ね飛ばされて膝から転落する、ダッシュボードに膝部を打ちつけることで発症しており、膝部の外傷では、最も多発している骨折です。

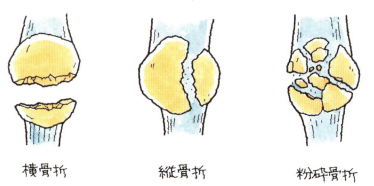

症状は、強い痛みと膝関節の腫れが出現、膝を自動で伸ばすことができなくなります。
骨折のパターンは、横骨折、縦骨折、粉砕骨折の3つです。

骨片の離開のないときは、保存的に4～6週間程度のギプス固定がなされます。

膝を伸ばす大腿四頭筋が急激に強く緊張する、つまり、介達外力により骨片が上下に離開した横骨折では、オペにより、キルシュナー鋼線とワイヤーで固定が行われています、
オペ後のギプス固定はなく、早期に、膝の可動域の改善を目的としたリハビリテーションが始まります。

膝蓋骨に対する直撃で、開放性骨折となったときは、手術による固定と感染対策が必要となります。

治療成績は、単純な骨折では比較的良好です。
しかし、開放性骨折や骨片が3つ以上に粉砕された骨折、大腿骨果部や脛骨プラトー部の骨折に合併したときは、難治性で、確実に後遺障害を残します。

23　膝蓋骨脱臼（しつがいこつだっきゅう）

膝蓋骨脱臼とは、膝のお皿が、膝の正面の本来の位置から外れることで、膝の構造・形態的特徴から、ほとんどは、大腿骨に対して外側に脱臼しています。
膝蓋骨は膝の輪切り図では、大腿骨正面の溝にはまるような位置にあります。
膝蓋骨が溝を乗り越えて外れることを脱臼、乗り越えてはいないが、ズレることを亜脱臼と呼びます。

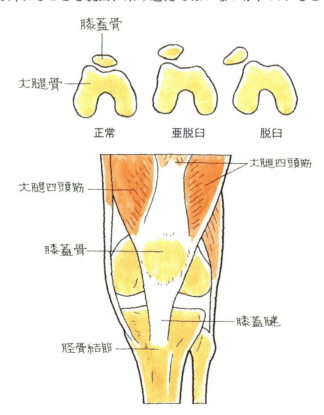

膝蓋骨は、太ももの側では大腿四頭筋という強い筋肉に、すねの側では膝蓋腱という線維につながり脛骨に連結しています。膝蓋骨は曲がった膝を伸ばすときに、滑車のような役目で大腿四頭筋の筋力を脛骨側に伝えるのをサポートしています。

膝蓋骨脱臼は10代の若い女性に多く発症し、スポーツ活動中などに起こります。

●膝・下腿骨の障害

膝蓋骨脱臼は、ジャンプの着地などで筋肉が強く収縮したときや、膝が伸びた状態で急に脛骨を捻るような力が加わったとき、膝蓋骨を打撲したときに発症していますが、元々膝蓋骨が脱臼しやすい身体的条件、膝蓋骨に向き合う大腿骨の溝が浅い、膝蓋骨の形成不全、膝蓋腱の付着部が外側に偏倚しているなど、遺伝的要因のある人に起こりやすいと言われています。

脱臼を発症しても、多数例で膝蓋骨は病院に搬送される前に、元の位置に戻ります。

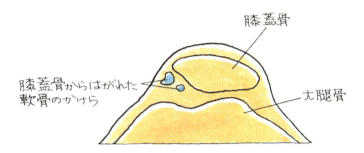

脱臼に伴い、50％の被害者に、軟骨や骨の損傷が起こると言われますが、その程度によっては早期に手術が必要になることもあります。

手術が必要ないと判断されたときは、まず膝を装具、サポーターなどで固定することになります。
痛みや関節の腫れが改善した段階では、徐々に体重をかけて歩き、膝を動かすようにします。

ダイナミックパテラブレース

膝蓋骨脱臼の20～50％に再脱臼が起こると報告されています。
再脱臼をしなくても、50％以上に、痛みや膝の不安定感などの症状が残ります。
再脱臼を予防するための治療として、リハビリや運動用の装具による治療を行います。
リハビリでは、膝蓋骨が外側にズレるのを防ぐように膝蓋骨の内側につく筋肉を強化、膝蓋骨を外側に引き寄せる筋肉や靭帯をストレッチで柔軟性を高める、脱臼を誘発するような姿勢や動作を回避するような運動を繰り返して練習します。

運動用の装具は、膝蓋骨が外側にズレるのを防ぐ構造物のついたものを使用します。
装具は脱臼後の早い時期に日常生活で使用、その後の一定期間はスポーツなどで使用します。

24　膝蓋骨骨軟骨骨折・スリーブ骨折

膝蓋骨の裏の軟骨面は、大腿骨の前面の軟骨と関節を形成しています。

これを、膝蓋大腿関節と呼びます。

膝蓋骨骨軟骨骨折は、若年の女性に多く、膝蓋骨脱臼に伴うもので、膝蓋骨の内側に小さな軟骨片が残置しています。膝蓋骨が脱臼するとき、元の位置に戻るときに、大腿骨の外側の突起と膝蓋骨が衝突し、こすれあって、膝蓋骨軟骨骨折が起こるのです。

オペにより、骨片を元の位置に戻すか、除去して固定します。

スリーブ骨折は、10歳前後のサッカー、野球少年に多い膝蓋骨下端の剥離骨折で、骨片が小さく見逃されることが多いので要注意です。

治療としては、保存的にギプスによる外固定が3〜5週間行われています。

膝蓋骨骨折、膝蓋骨脱臼、膝蓋骨骨軟骨骨折における後遺障害のキモ？

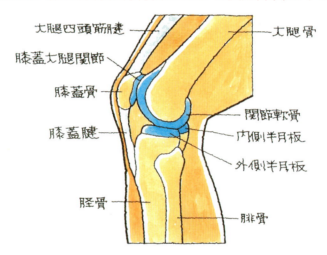

1）一般的には、膝蓋骨骨折で後遺障害を残すことはほとんどありません。

2）ところが、交通事故無料相談会では、受傷から4カ月以上を経過しているのに、痛みで膝が曲がらない、腫れが引かないと訴える被害者を見かけます。

この原因を、検証します。

膝蓋骨の上端には大腿四頭筋腱が付着し、その先に膝蓋腱膜と呼ばれる膜が膝蓋骨を覆い、膝蓋骨の下端には、膝蓋靱帯が付着しています。

大腿四頭筋腱、膝蓋骨、膝蓋靱帯からなる仕組みを膝伸展機構と呼び、膝を伸ばす際に膝蓋骨が支点となって十分に膝の伸展筋力が発揮されるようになっているのです。

ところが、支点となる膝蓋骨が骨折により機能しなくなると、膝の曲げ伸ばしに非常に大きな影響をおよぼすことになります。

さらに、膝蓋骨裏の軟骨面は大腿骨の前面の軟骨と関節を形成しており、膝蓋大腿関節と呼びます。

膝蓋骨骨折によって、膝蓋骨の裏の軟骨部分に骨折線が入り、膝蓋大腿関節部の滑らかさが損なわれると、関節内で炎症を起こしてしまうときがあります。

膝蓋骨の骨折部分は癒合し、骨折線が無くなったとしても、関節面の滑らかさを失っており、痛みで可動域が狭くなり、腫れが引かないことになるのです。

つまり、膝蓋骨骨折後の骨癒合状況および軟骨損傷を立証すれば、機能障害として12級6号、もしくは神経症状として12級13号、14級9号が認定される可能性が出てくるのです。

3）変形骨癒合は、3DCT、軟骨損傷はMRIで立証します。

交通事故では、膝蓋骨に対する直撃、直達外力で骨折や脱臼を発症しています。
膝蓋骨が骨折するほどの衝撃を受けていれば、その裏側の軟骨が損傷していても、なんの不思議もありません。しかし、専門医でもなければ、これは日常的に見逃されているのです。
これらを発見、立証して、後遺障害をめざすのが、プロの技です。

25　膝離断性骨軟骨炎

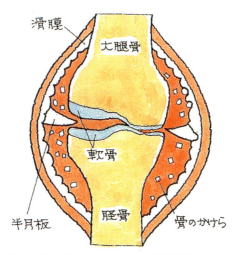

骨の間に欠片が挟まると、痛み、運動制限を生じます。

膝関節の中に大腿骨の軟骨が剥がれ落ちてしまう障害のことです。
血流障害により、軟骨下の骨が壊死すると、骨軟骨片が分離し、進行すると関節内に遊離します。
初期では、運動後の不快感や鈍痛の他は、特異的な症状の出現はありません。
関節軟骨の表面に亀裂や変性が生じると疼痛も強くなり、日常の歩行でも支障をきたします。
さらに、骨軟骨片が関節の中に遊離すると、膝の曲げ伸ばしで、引っかかり感、ズレ感を生じ、関節に挟まると、激痛を発症、膝がロックして動かなくなってしまいます。

一般的には、スポーツで、走行、跳躍、肘の回転などを繰り返し行うことで、関節に負担が蓄積して発症すると考えられています。

関節遊離体は、1～2cmの大きさです。
関節液の栄養を吸収して大きくなることがあります。
自然に消えたり、小さくなることはありません。

ロッキング症状、激痛があるときは、関節鏡視下で、生体吸収性ピンを用いて遊離、剥離した骨軟骨片を、欠損部に元通りに修復するオペが実施されています。
遊離した骨軟骨片の損傷や変性が著しいときは、自家培養軟骨の移植術が行われています。

※自家培養軟骨とは？
軟骨は、膝などの関節の表面を薄く覆っていて、関節の動きを滑らかにする役目を果たしています。
関節部の軟骨は、硬くて弾力性に富み、滑らかな硝子軟骨で組成されています。
その滑らかさはアイススケートで氷上を滑る際の10倍とも言われています。

軟骨の耐久性は極めて高く、関節を動かしても軟骨組織がすり減ることはほとんどありません。
しかし、交通事故や変形性関節症で軟骨が失われると、歩行も困難なほどの痛みを発症します。
軟骨組織は、損傷を受けると自然には治りません。

どうして、軟骨は治らないのか？
実は、軟骨組織には、血管が走行していないのです。
足の擦過傷や骨折では、出血します。
血液の中には、傷を治すのに必要な細胞が、細胞を増やすための栄養が含まれているのです。
これらの成分が傷を治す働きをしています。
しかし、軟骨組織にはもともと血管がありません。
軟骨組織が損傷されても、治すための細胞、細胞を増やすための栄養も供給されないので、軟骨が自然治癒することはないのです。
自然に治ることが難しい軟骨ですが、軟骨細胞には増殖する能力があります。
被害者の軟骨組織の一部を取り出し、軟骨細胞が増殖できるような環境を整えてつくられたのが、自家培養軟骨です。軟骨欠損に自家培養軟骨を移植することで修復が期待されます。

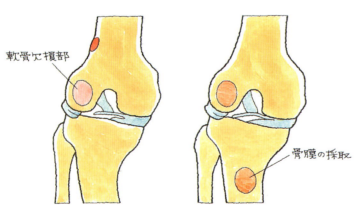

オレンジ部分から軟骨組織の一部を採取、約4週間、培養します。
培養軟骨を移植し、脛骨から採取した骨膜で蓋をします。

整形外科の専門医によって、侵襲の少ない関節鏡手術で膝の軟骨が少量採取されます。
この軟骨を、ゲル状のアテロコラーゲンと混合して立体的な形に成型した後、培養します。
約4週間の培養期間中に軟骨細胞は増殖し、軟骨基質を産生して本来の軟骨の性質に近づいてゆき、これを移植するのです。
自家培養軟骨の価格は、200万円以上で、高額療養費制度を利用すれば、患者負担は10万円ほどになる見込みです。

膝離断性骨軟骨炎における後遺障害のキモ？

1）2014年の無料相談会で、この傷病名が記載された診断書を発見しました。
私は、膝離断性骨軟骨炎は、スポーツによるストレスの繰り返しで発症するものであり、交通事故とは関係のない傷病名と理解していました。
初診の救急病院の診断書には、左鎖骨骨折、右膝捻挫と記載されています。
右膝離断性骨軟骨炎は、最後に診察を受けた医大系膝関節外来の専門医が診断したものです。
これで、ピンときました。
初診の整形外科医は、XPで右膝をチェック、骨折がなかったので、右膝捻挫と診断したのです。
「静かにしていれば、そのうち、治る？」これでスルーされたのです。

「なにか、スポーツをやっておられる？」
被害者は、趣味でジョギングをしていたのですが、事故後1カ月でウォーキングを開始した頃から、右膝に痛みを感じるようになり、3カ月を経過してジョギングに復帰すると、突然の激痛で膝が曲がらなくなったとのことです。ネット検索で医大系病院の膝関節外来を受診、右膝関節離断性骨軟骨炎と診断され、関節鏡視下で修復術を受けたとのことです。

受傷6カ月で、症状固定、膝関節に機能障害はなく、圧痛と動作痛が認められました。
左鎖骨骨折で、12級5号、右膝関節は、神経症状で14級9号が認定されました。

2）積極的であれ！
治療に積極的であれ！　ここで、学習すべきことです。
主治医を盲目的に頼るのではなく、医大系膝関節外来の専門医の診察を受けたことが、早期社会復帰につながりました。
しかし、大多数の被害者は、グズグズと漫然治療を続け、この積極性がありません。
「右膝が痛く、歩行にも支障があるのに、主治医が診てくれない？」
交通事故では、加害者に対する呪いからか、こんな不満がタラタラ述べられることが多いのです。

怪我をしたことは、加害者側の責任であっても、怪我をした以上、治すのは被害者の責任です。

もし放置していれば、徐々に変形性膝関節症の方向に進行していきます。
遊離した骨軟骨片の損傷や変性が著しくなると、自家培養軟骨の移植術が選択肢として提案されるのですが、受傷から6カ月以上を経過していれば、保険屋さんは治療費等の負担を拒否します。
では、健保でオペとなるのですが、入院3カ月、リハビリ通院4カ月が、許されるでしょうか？

こんなことを強行すれば、職場におけるあなたの位置は、アザーサイドとなります。
交通事故では、6カ月以内に職場復帰を果たさないと、その後の人生を失うのです。

3）本来、交通事故で、膝離断性骨軟骨炎は想定されていません。
膝関節捻挫と診断しても、その後の経過で、膝離断性骨軟骨炎を発見すれば、関節鏡視下で修復術が行われ、普通は、後遺障害を残しません。

問題となるのは、膝関節捻挫と診断され、放置されたときです。
後遺障害の対象は、膝関節の可動域制限と膝関節部の痛みです。
器質的損傷は、MRI、CTで立証します。
予想される等級は、膝関節の機能障害で12級7号、神経症状で14級9号、12級13号です。

限りなく、医原性ですが、そんなことは口にしてはいけません。
しかし、漫然治療に終始したことについては、反省しなければなりません。

26　膝蓋前滑液包炎

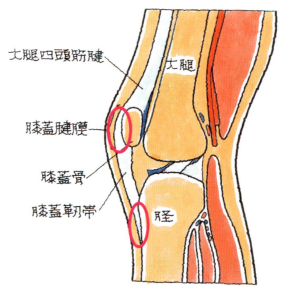

上の赤○は膝蓋前皮下滑液包、下の赤○が脛骨粗面皮下滑液包

膝蓋前滑液包は、皮膚と膝蓋骨＝膝のお皿の間に位置しており、膝に対する摩擦をやわらげ、膝関節の可動域を最大にする役目を果たしています。

交通事故では、多くが自転車で転倒、膝を強く打ったときに発症しています。
頻繁な膝の曲げ伸ばしで発症することもあって、Housemaid's Knee　女中膝とも呼ばれています。

膝蓋骨の上辺り、部分的に、直径2〜3cmの腫れが出現、触れるとブヨブヨ感があります。
次第に痛みが出現、腫れもやや大きくなり、膝をスムースに動かせなくなります。
このとき、膝蓋前滑液包は炎症を起こしており、ドロドロの滑液包に水がたまっている状態です。
初期であれば、膝をつかない、正座をしないようにすると、腫れは引き、痛みもなくなります。

●膝・下腿骨の障害

慢性期であっても、オペは、ほとんどありません。
膝蓋前滑液包にたまった水を抜き、非ステロイド性抗炎症薬の注射、膝つきと正座の禁止、リハビリによる膝関節可動域訓練で改善が得られ、後遺障害を残すこともありません。

膝蓋前滑液包炎における後遺障害のキモ？

1）この傷病名だけであれば、基本、後遺障害を残すことはありません。

大阪の無料相談会に50代、やや肥満気味の大阪のおばちゃんが参加されました。
横断歩道を自転車で走行中に、左折の自動車に衝突され、転倒した際に左膝を強打、6カ月がたったが、腫れも痛みを引かなくて、自転車に乗れなくて困っている？
治療先の診断書には、頚部捻挫、腰部挫傷、左膝打撲の傷病名が記載されていました。

XP撮影では、膝関節に骨折などの異常はないから、ちょっと強い打撲でしょう？
膝上の腫れを訴えても、診ることも、触ることもなく、年のせいと言われ、なんの処置もされない？
仕方がないので、近所の整骨院に通っているが、腫れも痛みも改善しない？
保険屋さんからは、今月一杯で治療を打ち切ると宣告された？
これから、どうしたらいいのか？

別室でタイツを脱いでもらって、左膝を拝見しました。
確かに、膝蓋骨上部は腫れており、軽く触れたのですが、熱感もあります。
腫れが膝全体におよんでいる印象ではなく、膝蓋骨上部に限定されています。

左膝蓋前滑液包炎が予想されるところから、チーム110のスタッフ、亀井さんが懇意にしている整形外科を紹介、同行して診察を受けることにしました。
MRI撮影の結果、左膝蓋前滑液包炎の診断が確定、滑液包にたまった水を抜き、非ステロイド性抗炎症薬の注射、膝つきと正座の禁止、2カ月のリハビリによる膝関節可動域訓練が指示されました。
1カ月のリハビリで、腫れは小さくなり、痛みも改善、2カ月で左膝蓋前滑液包炎は治癒しました。

2）受傷から8カ月で症状固定、頚椎捻挫で14級9号が認定されました。
この女性は、夫の自動車の任意保険に弁護士費用特約の加入があり、適用することになりました。
弁護士が本件の解決を受任、弁護士はチーム110に後遺障害の立証を指示したのです。

チーム110の亀井さんは、治療先を紹介、同行して左膝蓋前滑液包炎の治癒をサポートしました。
残る傷病名、頚部捻挫と腰部挫傷は、画像診断クリニックでMRIの撮影を受け、医師には、頚部のMRI所見の丁寧な記載を依頼して14級9号を実現したのです。

私は、この女性には、もう少しダイエットに励むように、遠慮がちに、お願いしておきました。

27　膝窩動脈損傷？

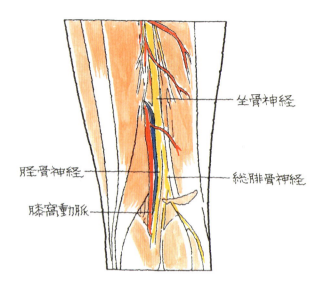

鼠蹊部から膝上部まで走行する大腿動脈は、膝窩を通るところで膝窩動脈と名を変えます。
※**膝窩とは、膝の後ろのくぼんだ部分、○印です。**

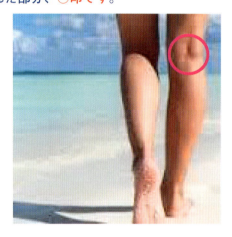

膝窩動脈損傷は、圧倒的にバイクVS自動車の衝突で発生しています。
大腿骨果部骨折、膝関節脱臼、脛骨・腓骨開放骨折、これらの傷病名に合併することが多く、血行再建が遅れると、膝上切断となる重症例です。
特に、膝関節脱臼に伴う膝窩動脈損傷の発生率は、20～40％と報告されています。

交通外傷による膝窩動脈損傷では、骨折や関節・筋損傷などの複雑な病態を合併することが多く、血行再建や観血的整復術は、専門医が担当すべき領域と言われています。

① 20歳、女性
バイク転倒にて左脛骨・腓骨開放骨折し観血的整復術が実施される。
2日後に専門医に転院するも、膝窩動脈は完全断裂し閉塞していた。
血行再建後、感染壊死にて膝上切断となる。

② 18歳、男性
バイク転倒にて右大腿骨骨折、左脛骨・腓骨開放骨折し観血的整復術24時間後に専門医に転院、膝窩

動脈は完全断裂、閉塞状態であった。
血行再建を実施するも、感染壊死にて膝上切断となる。

③68歳、男性
歩行中、車に衝突され左大腿骨骨折、左膝開放性骨折し観血的整復術12時間を経過した時点で専門医に転院、膝窩動脈は伸展され完全閉塞していた。
血行再建を実施するも、左足関節拘縮となった。

④21歳、女性
乗用車を運転、自損事故により、右膝関節を脱臼、整復術の10日後に専門医に転院、膝窩動脈は伸展され完全閉塞していた。
血行再建を実施するも、左膝関節の拘縮となった。

⑤47歳、女性
乗用車を運転、自損事故により、左脛骨・腓骨骨折、左膝開放骨折で観血的整復術を受ける。
術後、4日を経過した時点で専門医に転院、膝窩動脈は伸展され完全閉塞していた。
血行再建を実施するも、感染壊死にて膝上切断となる。

⑥59歳、女性
歩行中車に衝突され、左脛骨・腓骨骨折で整形外科搬送後、ただちに専門医に転送、膝窩動脈は不完全断裂、伸展され完全閉塞していた。
血行再建後、虚血症状は改善され、後日、観血的整復術を施行し経過良好だった。

上記の6例では、膝窩動脈は完全閉塞しており、自家静脈にて血行再建が行われました。
5例は整復術後に血行再建術が実施されたのですが、うち3例が感染、壊死から膝上切断となり、2例が足および膝関節に拘縮の後遺障害を残しています。
そして、血行再建を先行した1例については、膝窩動脈損傷後の経過は良好で、症状固定となっています。

交通外傷による膝窩動脈損傷では、虚血症状が遅発性に発症することが多く、まず、可及的すみやかに膝窩動脈損傷を診断し、整復術に先行して血行再建術を行うことが重要とされています。

膝窩動脈損傷における後遺障害のキモ？

1）血管損傷の症状は、5つのPに代表されます。
①PUFFINESS＝著明な腫れ、
②PAIN＝疼痛、
③PULSELESSNESS＝動脈拍動の減少ないし消失、
④PALLOR＝下腿の蒼白、冷感、
⑤PARALYSIS＝知覚異常、

上記の5つ以外にも、斑状出血が認められることがあります。

※斑状出血とは、破れた血管から漏れた血液が、皮膚組織や粘膜に入り込んでできる小さなアザのことで、直径3mm未満を点状出血、直径2cmまでを斑状出血、さらに大きなものは、広汎性皮下出血と呼ばれています。

通常の診断では、まず足背部で動脈の拍動を触れることで、確定診断は、血管造影となり、血管損傷があれば、緊急手術で血管再建術が実施されています。

ところが、膝窩動脈損傷の見逃される率は、72.7％と報告されており、その原因として、
①典型的な5つのPが認められない動脈損傷が多いこと、
②初診で、足背動脈がわずかながら触知でき、経過観察となったものなど、
臨床症状の不確実さが指摘されています。
つまり、迅速に確定診断をするための手段がない現状なのです。
さらに、確定診断として血管造影が汎用されていますが、血管造影には、1〜2時間の多大な時間を要するのです。

2）一方、筋肉の阻血許容時間は、6時間とされています。
この6時間は、血行再建までのゴールデンタイムと呼ばれているのです。
先の例でも、観血的整復術後に24時間、2日間、4日間を経過したものは、いずれも膝上切断となっています。血行再建術は、経過時間との闘いなのです。

3）1下肢を膝関節以上で失ったものは、4級5号が認定されます。
労働能力喪失率は92％、自賠責保険の後遺障害保険金は1889万円です。
赤本基準であれば、後遺障害慰謝料は、1670万円、
被害者が37歳男性で、前年度の所得が580万円であれば、逸失利益は、
580万円 × 0.92 × 15.372 ＝ 8202万円が予想されます。

臨床症状の不確実さが指摘されているのですから、軽々に医療過誤を口にしないことです。

●膝・下腿骨の障害

28 腓骨骨折

腓骨の単独骨折は、近位端骨折、骨幹部と遠位端骨折の3種類です。

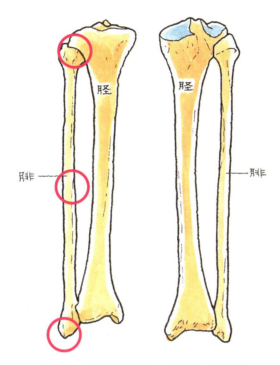

赤○印、上から近位端、骨幹部、遠位端

腓骨は、脛骨と対になって下腿を形成している骨で、長管骨に属し、脛骨の外側に位置しています。
右膝外側を手で触れると、ボコッと飛び出している部分が確認できますが、それが腓骨近位端部です。
膨らんでいる近位端は、腓骨頭と呼ばれています。
腓骨頭の先端にはとがった腓骨頭尖があり、脛骨に面する部分に腓骨頭関節面を有しています。

交通事故では、バイク、自転車と自動車の出合い頭衝突などで、膝の外側部に直撃を受けたときに、腓骨近位端骨折もしくは腓骨頭骨折を発症しています。
腓骨頭部には、坐骨神経から分岐した腓骨神経が走行しており、腓骨神経麻痺を合併することがあり、そうなると、大変厄介です。
腓骨神経麻痺の詳細は、後段で解説しています。

中央部の骨折は、骨幹部骨折と呼ばれています。

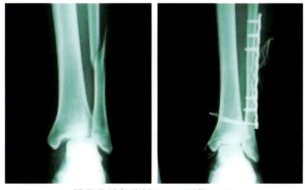

腓骨骨幹部骨折のXP画像です。
転位が大きく、AOプレートで内固定されています。

しばしば、脛骨骨折を合併することが多く、骨短縮、仮関節、コンパートメント症候群の後遺障害を残すことがあります。この詳細も、後段で解説しています。

遠位端部の骨折は、外くるぶし部分で発生する頻度が高く、足関節外果骨折と呼ばれています。
この詳細も、小学生の成長期と大人で分けて、後段で説明しています。

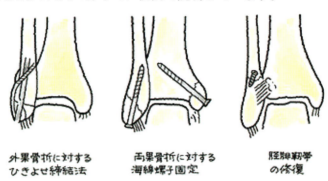

外果骨折に対する　　両果骨折に対する　　脛腓靱帯
ひきよせ締結法　　　海綿螺子固定　　　　の修復

腓骨の単独骨折では、転位が少なく、ギプス固定されたものは、およそ7週間で骨癒合が得られます。
オペが実施されたときは、骨折のレベルによりますが、おおむね、12週で骨癒合は完成します。

腓骨の単独骨折における後遺障害のキモ？

これまで、脛骨は体重を支える骨であり、重視してきましたが、腓骨は、なくてもいい骨と理解しており、多くの整形外科医は、無視する傾向でした。

しかし、腓骨には、歩行時の衝撃の吸収と、足首を自在に動かす、巧緻運動の役目があります。
これらの役割が、腓骨の骨折で、どのように阻害されているか？
従来よりも、拡大した観点で、後遺障害を探る必要があると考えているところです。

骨折部の骨癒合の状況は、3DCTで立証します。
足首の可動域は、背屈と底屈にとどまらず、内転、外転、内返し、外返し、回内、回外にまで範囲を拡げて、機能障害を検証する必要があります。

サッカーの絶妙なシュートやパス、あるいはドリブルなどは、下腿骨が2本あることにより、足首が自在に動くことではじめて可能になるのですが、これが障害されたとなれば、立派な後遺障害です。

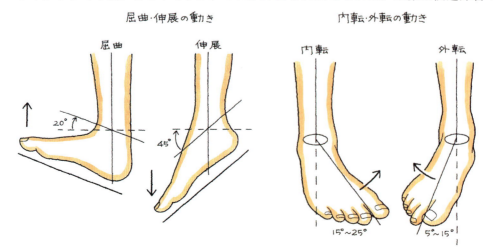

●膝・下腿骨の障害

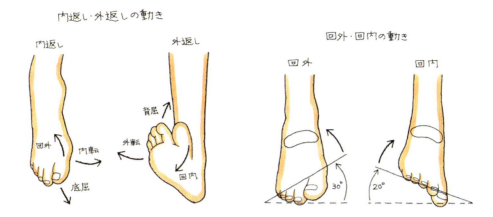

29　脛・腓骨骨幹部開放性骨折
　　　けい　ひこつこつかんぶかいほうせいこっせつ

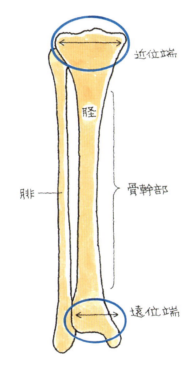

医学的には、脛骨顆部の最大横径の平方に含まれる部分を近位端、脛骨遠位部の最大横径の平方に含まれる部分を遠位端、それらを除く部位が骨幹部と定義されています。
ここでは、後遺障害を検証する観点から、ちょうど中央部を骨幹部として捉えています。

交通事故における下腿骨骨折の中では、最も多発している部位で、脛骨の単独骨折、脛・腓骨の骨折、腓骨の単独骨折の3種類があります。
脛骨は皮膚の直下にあり、骨が皮膚を突き破る、開放性損傷を起こしやすい特徴があります。

①脛骨の下、3分の1の骨折では、下方の血流が停滞し、骨癒合が遅れ、偽関節を形成する？
②骨皮質が多く、海綿骨が少ないので骨癒合が得られにくい？

※骨折が治癒するには、骨折部周囲の血流が豊富なことが要件ですが、脛骨の下半分は、筋肉が腱に移行する部位で、骨周囲の血流が乏しいのです。

①②を理由として、脛・腓骨骨幹部骨折は難治性です。
直後の症状は、激痛、腫脹で顔面蒼白状態となり、下肢はぐらつき、立位は不可能な状態です。
単純XP撮影で、容易に診断することができます。
開放骨折では、骨折した骨の一部が、皮膚を突き破って飛び出しています。

基本的に、他の骨折と同じ、非開放性で、転位のないときは、整復の上、ギプス固定がなされます。
※転位とは、骨折部のズレのことです。
転位が大きければ、通常の整復では骨癒合が期待できません。

そこで、かかとの骨にキルシュナー鋼線を入れ、その鋼線を直接牽引します。

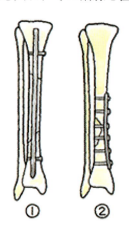

その他、皮下骨折で直接牽引ができないような複雑な骨折の場合、キュンチャー髄内固定やねじ・プレートにより、観血的に治療を行います。

治療は、圧倒的に手術による内固定が選択されています。
①のキルシュナー固定は骨膜を傷つけることがなく、骨癒合が遷延しない利点があります。
②のAOプレートは強固な固定が得られますが、偽関節の可能性を残します。
これ以外にも、エンダー釘による固定も行われています。
大半の症例で、骨癒合が完了し、抜釘するまでに1年近くを要しています。

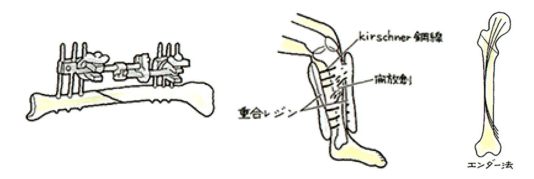

高度の粉砕骨折や開放性骨折は、安定性が得られるまでの期間について、上図の創外固定器が使用されていますが、このレベルでは、私はイリザロフ式創外固定をお勧めしています。
脛骨の固定に際しては、以下のようにネジで固定します。

●膝・下腿骨の障害

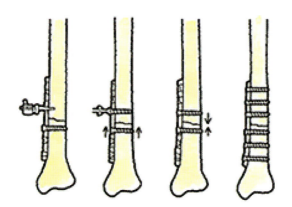

後遺障害としては、下腿の短縮、偽関節、腓骨神経麻痺やコンパートメント症候群等が予想されます。

※骨延長とイリザロフ創外固定器
さて、開放骨折では、骨が皮膚の外に出ており、感染を起こす可能性が非常に高いのです。
そのため、骨折部位に直接、プレートや髄内釘を接触させると、感染を起こし化膿性骨髄炎を引き起こし、切断の可能性も予想されます。
ここでは下腿骨の治療に有効な、イリザロフ式創外固定について、説明します。

先年お亡くなりになられましたが、日本では、大阪赤十字病院の大庭健元整形外科部長が中心となって推進された手術法です。
大阪赤十字病院、大手前整肢園における手術例は300例を超えました。
旧ソ連のクルガン地方で第2次大戦後の戦傷兵の治療に携わっていたイリザロフ医師が偶然に発見した治療法です。

クルガン地方はモスクワから3000km離れた西シベリアの辺境です。
医薬品・医療器具、そして電気さえもままならない状況の中で、イリザロフ医師は自転車のスポークを鋼線の代わりに利用して骨に刺入し、これに緊張をかけて独自のリング状の固定器に接続をして骨片を固定する方法を開発しました。
ある患者に、この固定器を取り付け、術後、医師が休暇を取って不在の間に、患者が固定器に取り付けられていたナットを間違って逆回転させました。
つまり締め付けるところを緩めてしまったのです。
休暇から戻ったイリザロフ医師は骨移植の必要を感じ、患者の骨折部をXP撮影したところ、骨折部の間隙はすべて新生骨で充填されていたのです。
つまり、飴細工のように骨を伸ばしたり、骨幅を増やしたり、どのような変形でも3次元的に矯正で

きるのがイリザロフ式創外固定器なのです。

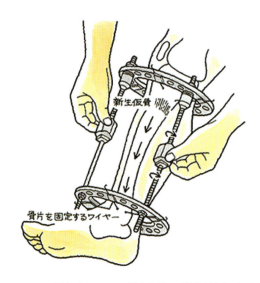

患者が自分で1日1mmを4回に分けてロッドを回転することにより延長する。

新生仮骨

骨片を固定するワイヤー

私は、脛骨の開放性骨折後、MRSA感染症による骨髄炎で偽関節となり、治療の遷延化が続いていた被害者2名を大阪赤十字病院に転院させ、イリザロフ式創外固定器で治癒した経験があります。

先の病院では、抗生剤の持続還流や、ハイドロキシアパタイトに抗生剤をまぶして髄内に留置しMRSAを殺しにかかりましたが、効果はありませんでした。

大阪赤十字病院では、骨折部の腐骨を大胆に骨切り、強酸性水で洗浄、抗生物質を振りかけた後に創を閉鎖し、イリザロフで6cmを超える骨延長を行ったのです。
術後、6時間ごとに、創外固定器に取り付けられたレバーを回して、1日に1mmの脚延長を続けていく驚きの代物でした。

現在、大阪赤十字病院で、イリザロフ術は行われていません。
しかし、この術式は、全国的に広まっており、かなりな進化を続けています。
最近、手指に対して、ニュー・イリザロフ創外固定器、イリザロフ・ミニフィクセイターも登場しています。
そして、イリザロフ以外にも、アルビジアネイル、延長機構を内在した大腿骨髄内釘で延長をすることができるようになっています。
アルビジアネイルは、閉鎖式骨固定法ですから、創外固定に比較して感染の危険性が少ないことや、治療完了までのQOLを高く保つことが可能です。

現状、イリザロフ法を用いた四肢再建、脚延長、骨・関節における感染症の第一人者は、東京大学から移られた帝京大学の松下隆主任教授です。

大腿、下腿、股関節、膝関節、足関節のパートごとに対応するのではなく、下肢全体を1つの外傷として、チームで総合的な治療を実施されているところに大きな特徴があります。
上肢についても、然りです。

2015年4月からチーム松下の全員が、福島県郡山市の南東北病院に移動しておられます。

名称　　社会医療法人将道会　総合南東北病院
所在地　福島県郡山市八山田7丁目115
TEL　　024-934-5322

脛・腓骨骨幹部開放性骨折における後遺障害のキモ？

1）本症例の後遺障害は、下腿骨の短縮、偽関節、変形癒合、合併症としてコンパートメント症候群、稀に腓骨神経麻痺があります。
当然ながら、専門医が初期治療を担当したときは、大部分で、これらの問題を残しません。
しかし、交通事故外傷では、修復が不能である破滅的なダメージを受けることもあり、かつ、すべての被害者に、専門医による良質な医療が提供されることも考えにくい状況です。
後遺障害の議論は、常に、ここからスタートするのです。

2）下肢の短縮障害では、3段階の評価です。

下肢の短縮障害による後遺障害等級	
8級5号	1下肢を5cm以上短縮したもの、
10級8号	1下肢を3cm以上短縮したもの、
13級8号	1下肢を1cm以上短縮したもの、

本件では、下腿骨の骨折ですから、左右の膝関節～足関節までのXPの比較で短縮を立証します。

調査事務所の損害調査関係規定集では、下肢の短縮について、「上前腸骨棘と下腿内果下端間の長さを測定し、健側と比較して算出する。」と規定されています。
この方法であれば、パンツを履いたまま計測ができるのですが、これが通用するのは、13級8号、1cm以上の短縮に限られています。
10級8号や8級5号では、調査事務所も画像による立証を求めています。

ここでの問題点は、短縮が0.9mm、2.9mm、4.9mmのときです。
等級認定では、0.9mmは非該当、2.9mmは13級8号、4.9mmは10級8号となります。
しかし、現実の歩行では、0.9mmは13級8号、2.9mmは10級8号、4.9mmは8級5号レベルの支障を残しているのです。

後遺障害の立証を担当する私のレベルでは、自賠法を前提に考えることになり、この枠からはみ出すことはできません。0.9mmの短縮が否定されても、骨癒合の変形を3DCTで立証して、14級9号が狙えないか？　精一杯の努力を続けるだけとなります。
しかし、代理人である弁護士であれば、自賠法にこだわる必要はありません。
現実の支障を丁寧に立証して、等級認定に匹敵する損害賠償を実現することもできるのです。
その努力を惜しまないのが、本来の弁護士活動と考えているのですが、簡単にあきらめるポンスケが多いことも、一方の事実です。
なお、短縮障害は、下肢のみに認められる後遺障害です。

3）仮関節とは？　偽関節じゃないの？

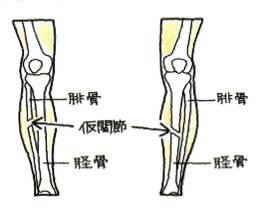

脛骨・腓骨の仮関節による後遺障害等級	
7級10号	脛骨および腓骨の両方に仮関節を残し、著しい運動障害を残すもの、
8級9号	脛骨に仮関節を残すもの、
12級8号	腓骨に仮関節を残すもの、

ほとんどの整形外科医は、仮関節ではなく、偽関節と呼びますが、意味するところは同じです。
医学では、骨の一部の骨癒合が得られていないとき、偽関節と診断しますが、
後遺障害では、
①骨折部の周囲に、骨癒合が全く認められないこと、
②骨折部に、異常可動性が認められること、
これらの2つの要件を満たしているときに、仮関節と判定しています。
医師の診断と後遺障害の認定基準に解離が生じていることを承知しておかなければなりません。

右脛骨の骨折部に仮関節が認められるが、異常可動性がない？

プレート固定がなされているときは、この状況が予想されます。
もちろん、抜釘すれば、骨折部は仮関節で異常可動性を示すことになり、抜釘はできません。
抜釘前であれば、異常可動性がなくとも、仮関節は認められます。
3DCTの撮影で、骨折部を360°回転させれば、立証できます。

ここでは、症状固定として、

●膝・下腿骨の障害

①仮関節で8級9号を獲得するか？
②再手術で骨癒合をめざすのか？
いずれかの選択を、しなければなりません。

常識的には、誰もが再手術と回答するのですが、それができない状況もあるのです。
すでに、この事故受傷で、平均的には、4カ月間以上を休業しています。
現業職であれば、6カ月のフル期間を休業していることも珍しくありません。
再手術となれば、さらに、4カ月程度の休業が必要となるのです。
これ以上の休業が続くと、解雇にならなくても、戻る場所がなくなってしまう？

等級を獲得する目的で、症状固定を選択することがすべてではありません。
仕事上、人間関係上、そうせざるを得ない背景も、交通事故では発生しているのです。
なお、下肢の短縮障害と仮関節は、併合の対象です。

30　下腿のコンパートメント症候群

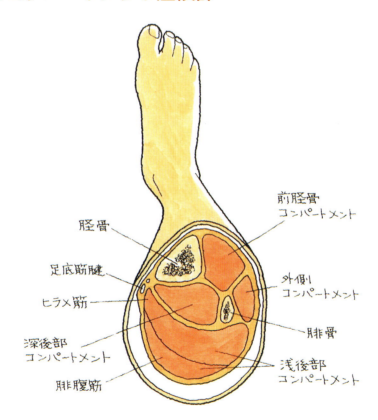

上・下肢の筋肉、血管や神経組織は、筋膜や骨間膜に囲まれており、この閉鎖された空間、構造をコンパートメント、あるいは筋区画と呼んでいます。
下腿には、イラストで示すように、前部、外側、深後部、浅後部の4つのコンパートメントがあります。

**※参考までに、前腕部のコンパートメントは、屈筋群、伸筋群、橈側伸筋群の3つです。
前腕部に生じたものは、コンパートメント症候群ではなく、フォルクマン拘縮と呼ばれています。
前腕部では、屈筋群が非可逆性壊死に陥り、その末梢に拘縮や麻痺を生じることが多いのです。**

交通事故による大きな衝撃で、この内部に出血が起きると内圧が上昇し、細動脈を圧迫・閉塞、筋肉や神経に血液が送れなくなり循環不全が発生し、筋・腱・神経組織は壊死状態となります。
この状態が長く続くと、元に戻らなくなってしまいます。
元に戻らなくなることを、医学の世界では、非可逆性変化と言います。
筋肉は4〜12時間、神経は12時間を経過すると非可逆性となるのです。
脛骨骨幹部骨折に合併して、コンパートメント症候群を発症することがあり、ここ数年の交通事故相談会では、1年間に2例程度を経験しています。

下腿のコンパートメント症候群では、前脛骨筋、足の親指を伸ばす筋肉である長母趾伸筋、前脛骨動静脈・腓骨神経が障害を受けるのです。

経験則では、下腿骨の徒手整復術を終え、ギプス固定の状態で病室に戻って来た被害者が下腿部の疼痛を訴えるところから始まります。

① puffiness ＝著明な腫れ、
② pain ＝疼痛、
③ pulselessness ＝動脈拍動の減少ないし消失、
④ pallor ＝四肢の蒼白、
⑤ paralysis ＝知覚異常、

これら5つのPが認められれば、コンパートメント症候群です。
初期症状を説明しましたが、最終的には、筋肉がカチカチに拘縮してしまいます。

治療では、ただちに筋膜の切開、血腫の除去が実施されます。
安静や下腿を上に挙げたりしますが、フォルクマン拘縮と同じく、一度コンパートメント症候群が進み、筋肉の壊死までになってしまうと、基本的には治療法はありません。
あくまでも、発生予防を心がけることになります。

飛行機の長旅で死に至る、エコノミー症候群が、過去、話題になりましたが、これも、コンパートメント症候群の一種です。

エコノミーの狭い座席に長時間座ったままでいると、下半身の静脈内にうっ血が生じます。
血流の停滞が、静脈内血栓を発生させる原因となるのです。
目的地の空港に着陸、歩き始めたときに静脈内血栓が下大静脈内に流れ出し、肺動脈に詰まると肺動脈内血栓症を発症、突然の呼吸困難から循環不全に陥り、死に至ることもあります。

この予防法は、
①飛行機内を定期的に歩き回る、
足首の背屈運動を行い、筋肉のポンプを利用して静脈のうっ血を取る、
②夜間の脱水を避けるために水分を十分に摂る、
こうするとトイレにも頻繁に行かざるを得なくなり、①の目的も達成されます、
③水分は、血栓の発生を予防するマグネシウムをたくさん含んだ、深層水が良いとのことです。

下腿のコンパートメント症候群における後遺障害のキモ？

1）脛・腓骨骨幹部開放性骨折など、オペによる内固定がなされたときは、コンパートメント症候群を発症することはありません。

注意を要するのは、脛・腓骨の閉鎖性骨折で転位が少ないときです。
非開放性で、転位のないときは、整復の上、ギプス固定がなされます。
被害者が下腿の疼痛を訴えるも、鎮痛消炎剤の投与で見過ごされたときは、時間の経過にしたがって、深刻な症状をきたします。
私の経験則では、非可逆性に進行し、腓骨神経障害により、足関節の用廃で8級7号、1足の足趾のすべての用廃で9級15号が認定され、7級相当が認定されたことがあります。

2）医療過誤か、不可抗力か？
脛・腓骨骨幹部骨折でコンパートメント症候群となり、放置して後遺障害を残したとなると、これは、常識的には、やるべき処置を怠った医療過誤であると思われます。
ギプス固定、オペによる内固定であっても、実態として、被害者は入院下にあります。

①puffiness＝著明な腫れ、
②pain＝疼痛、
③pulselessness＝動脈拍動の減少ないし消失、
④pallor＝四肢の蒼白、
⑤paralysis＝知覚異常、

被害者の訴えと、上記の5つを見逃すことがなければ、筋膜の切開、血腫の除去により、コンパートメント症候群は治癒すると考えられるからです。
しかし、医療過誤の可能性が高いときであっても、それを軽々に口にしてはなりません。

医療過誤となれば、保険屋さんは治療費を含む損害賠償から撤退するからです。
入院中に、医療過誤など口走ろうものなら、主治医、治療先とは、敵対関係に入ります。
後遺障害診断における通常の対応でさえ、受けられなくなります。

そんなときは、じっと我慢して、交通事故110番に連絡してください。
全国、どこであっても、有能な弁護士を帯同して、入院先を訪問します。

31　変形性膝関節症？

交通事故で、膝関節のプラトー骨折、脱臼、前・後十字靱帯や半月板を損傷しました。
救急搬送された治療先に専門医が配置されておらず、結果、不適切な治療が行われた？
事故受傷で、膝関節部は不可逆的に破壊され、切断は免れたものの、大きな後遺障害を残した？
上記の2つのパターンでは、示談締結後の二次性疾患として、変形性膝関節症が想定されます。

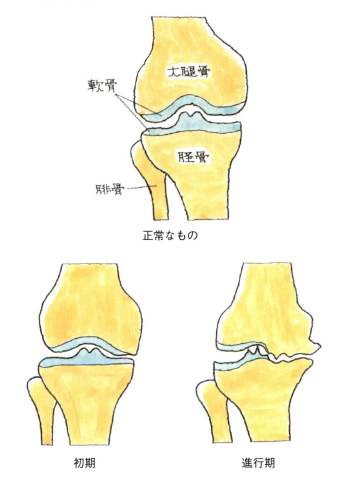

初期では、軟骨がすり減り、間隔が狭くなる。
進行期に至ると、骨棘形成が進み、骨どうしが直接にぶつかる。

正常な膝関節の表面は、軟骨で覆われています。
軟骨の働きにより、衝撃をやわらげ、関節の動きは滑らかです。
そして、滑膜から分泌される関節液により、大腿骨はアイススケートよりも滑らかに滑走しています。
関節液は、軟骨の成分であるヒアルロン酸を含んだ粘りのある液体で、膝関節の潤滑油と、軟骨に対する栄養補給の役割を果たしているのです。

変形の初期段階では、関節軟骨の磨耗は軽度なもので、自覚症状は、ほとんどありません。
軟骨の磨耗が、あるレベルに進行する中期となると、膝の曲げ伸ばし、立ち上がり、歩行中の膝にかかる負担が増加し、軟骨、半月板の変性による刺激によって、関節炎を発症します。
膝蓋骨周辺に水がたまり、膝が腫れ、膝を曲げ伸ばし動作での疼痛や可動域制限が生じます。

進行期に入ると、軟骨の磨耗がさらに進み、関節の土台の骨である軟骨下骨が露出し、骨そのものの変形である骨棘形成が見られます。
この段階に至ると、強い動作痛と大きな可動域制限により、日常生活は、大きく障害されます。

変形性膝関節症となると、膝の痛みのため、あまり歩かなくなり、脚の筋肉が衰えていきます。
膝の筋肉が衰えると、さらに、膝に負担がかかり、変形性膝関節症は進行するのです。

これらの悪循環を絶つには？

摩耗した関節軟骨を元の完全な形に修復する方法は、現在のところ、ありません。
変形性膝関節症の治療は、痛みをとり、膝が完全に曲がりきらない状態や伸びきらない状態を改善して、膝の機能を高めることをめざして行われます。
治療方法は、保存的には、薬物療法、温熱・冷却療法、運動療法の３つの療法が基本となります。
しかし、これらは根治療法ではなく、対症療法です。
これらの治療でも痛みが改善されないときには、以下のオペが実施されています。

①関節鏡視下郭清術　デブリードマン
中期の変形性に対して選択されるオペで、膝関節に小さなカメラを入れ、変形軟骨を切除、半月板を縫合、切除するオペで、膝に小さな穴を数カ所開けるだけで、負担も少なく入院期間も短いのですが、交通事故による二次性疾患では、変形性が進行していることが多く、条件に適合する被害者は少ない状況です。

②高位脛骨骨切り術
O脚を矯正する手術で、ほぼ完治しますが、長期入院が必要で回復には半年近くを要します。
手術を受けられる人は限られてくるのが弱点です。

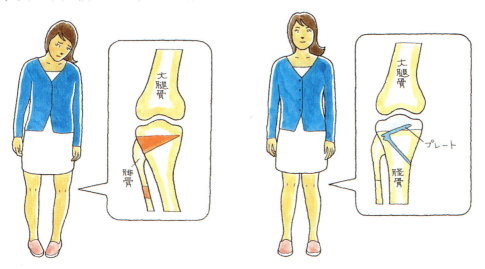

③人工膝関節置換術
変形性膝関節症が進行し、痛みで日常生活が困難になったときに選択するオペです。
高齢者でも受けられますが、まだ、耐久性が証明されていないこと、可動域が狭くなり正座ができなくなることなどがデメリットです。

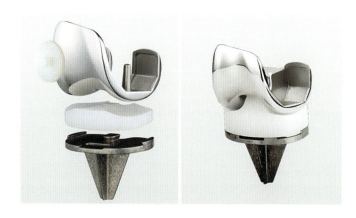

変形性膝関節症における後遺障害のキモ？

1）変形性膝関節症では、示談から早くて3年、遅ければ10年近くを経過してのオペとなります。
この疾患は、交通事故後の二次性疾患ですから、新たな後遺障害は、保険屋さんに請求できます。
例えば、人工関節置換では、8級7号、もしくは10級11号が認定されることになり、前回の認定等級との差額を請求しなければなりません。

※示談書の控え、前回の交通事故のファイルは、残しているのか？
※当時の査定担当者は、転勤でおりません？
※当時の書類は、離れた倉庫で保管されており、書類を確認するまでは保留です？
※示談をした保険屋さんが、そのまま残っているのかも疑問です？

コラム　あの千代田火災は、どうなったのか？
千代田火災は、大東京火災と合併して、あいおい損害保険となりました。
その後、あいおい損害は、ニッセイ同和損保と合併し、あいおいニッセイ同和損保となったのです。
その前に、同和火災とニッセイ損害が合併してニッセイ同和損保となっています。
もうすぐ、三井住友海上火災に吸収されちゃう？　そんな噂がささやかれています。

私が保険調査員時代、自動車保険を販売する保険屋さんは20社前後であったと記憶しています。
ところが、その後は合従連衡を繰り返し、倒産が2社で、結局は11社、ほぼ半分となりました。
そこに、ダイレクト系の損保が新規参入し、外資を除けば、現在は22社となっています。
今後も、合従連衡が予想されており、5年先すら見通せない状況です。

しかし、相手の保険屋さんが消滅しても、示談の内容は、引き継がれています。
任意保険は知りませんが、自賠責保険の関係書類は永久保存となっています。

2）年数を経過しての掘り起こしは、大変面倒なものです。
膝関節のプラトー骨折、脱臼、複合靭帯損傷などで、将来、変形性膝関節症が懸念されるときは、交通事故に長けた弁護士に委任して示談締結することをお勧めします。

示談書に、「今後、乙に本件事故が起因する新たな後遺障害が発現したる際は、甲乙間において、別途

協議を行うものとする。」掘り起こしで、逃げられないためにも、この文言の記載が必要です。

3）通勤災害、業務災害で労災保険の適用を受けているときは、保険屋さんとの示談締結後に変形性膝関節症でオペを受けることになっても、再発申請書を提出すれば、治療費、治療期間中の休業給付が支払われ、オペ後の後遺障害部分の損害にも対応してくれます。

ところが、保険屋さんとなると、これらの費用の負担はなく、あくまでも後遺障害部分の損害を請求するだけとなり、オペとリハビリの治療費は被害者の負担、休業損害も、社保・組合健保であれば、傷病手当金の請求をしなければなりません。

交通事故では、勤務先に遠慮して労災保険の適用を見送る被害者がおられます。
その後に、股関節の後方脱臼骨折で人工骨頭置換術となり、後悔しきりの被害者が2名おられます。

災難は、いつの場合でも、不手際に忍び寄るのです。

コラム　水がたまるとは？
水がたまるとは、滑液などの体液が、膝関節内外で過剰に分泌され、溢れているのです。
膝は、パンパンに腫れ上がりますが、炎症を起こした部位に対して、生体が行う防御反応であって、水がたまることは、病気ではありません。
元々、膝の関節包内には、適正な量の滑液が補給されており、潤滑の役目を果たしています。

膝関節前方、膝蓋骨周辺が腫れ上がると、関節周囲炎や関節包炎と呼ばれ、関節包の後方に穴が開き、体液が膝裏にたまると、ベーカー嚢腫と呼ばれます。

「水を抜くとクセになるので良くない？」これは都市伝説、迷信、思い込みの類です。
なんど水を抜いても、クセには、なりません。
抜いても、抜かなくても、炎症が治らない限り、水は、どんどんたまり続けるのです。

32　腓腹筋断裂　肉離れ

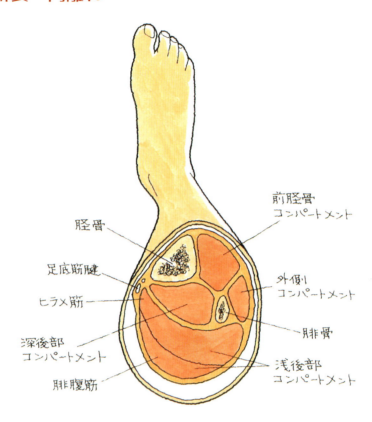

ふくらはぎは、下腿骨、脛骨＋腓骨の後方に位置するのですが、下腿骨後方は、コンパートメントと呼ばれる隔壁で、浅部と深部に分けられています。
ふくらはぎは、浅部にある筋肉、腓腹筋とヒラメ筋で構成されており、この2つの筋肉は下腿三頭筋と呼ばれています。下腿三頭筋はアキレス腱に連結しています。

※コンパートメント　筋肉を覆う筋膜組織で構成された隔壁で筋間中隔とも呼ばれます。

事故受傷から10日目、ほやほやの被害者が無料相談会に、松葉杖で参加されました。
原付を運転、信号待ち停止中に、軽トラックの追突を受けたもので、0：100、傷病名は、右ふくらはぎの打撲、頚部捻挫、腰部挫傷です。
自宅近くの整形外科に3回通院、右ふくらはぎの痛みを訴えても、「肉離れだから、湿布を貼ることが治療、なに、2週間もすれば治る？」そんな反応で、相手にもしてくれない。
本当に、湿布だけで治るのでしょうか？
医師でもない私に、質問されたのです。

右ふくらはぎは、内出血で青黒く変色しており、右下腿周径は左に比較して7mmの筋萎縮、右腓腹筋内側にかすかな陥没が認められ、その部分を押すと、激痛を訴えました。
「右腓腹筋が断裂しているのではないか？」
私とチーム110の予想です。
不安を感じて、スポーツ外来に特化した整形外科を紹介、チーム110が同行しました。
エコー検査で、右腓腹筋の断裂が確認され、傷病名は、右腓腹筋の断裂となりました。

患部の炎症を抑える必要から、鎮痛消炎剤の内服、筋肉の過緊張をやわらげる徒手療法、筋肉の働きを助けるテーピングがなされ、5日後からは筋肉を柔軟、強くして再断裂を予防する運動療法が開始されました。松葉杖がとれ、就労復帰したのは、受傷から3週間後です。
幸い、後遺障害を残すこともなく、完全治癒しました。

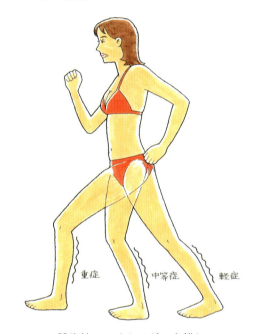

腓腹筋、ふくらはぎの肉離れ
重傷　膝を曲げてもストレッチで痛み、つま先立ちができない。
中程度　膝を曲げていれば、ストレッチ痛が軽度である。
軽傷　ストレッチ痛が軽度である。

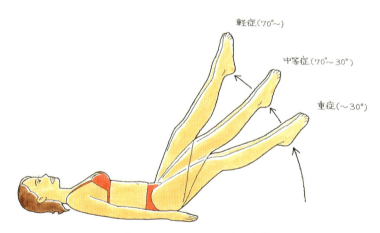

大腿後面、ハムストリングの肉離れ

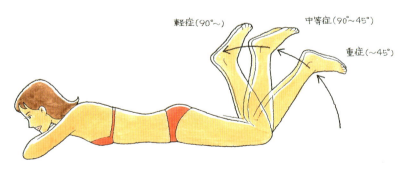

大腿前面の大腿四頭筋の肉離れ

腓腹筋断裂における後遺障害のキモ？

1）腓腹筋の挫傷、腓腹筋の断裂は、分かりやすく言えば、ふくらはぎ部分の肉離れです。

「肉離れだから、湿布を貼ることが治療、なに、2週間もすれば治る？」
こんな対応で放置されなければ、重傷であっても、3カ月以内に完治するものです。

2）医師の診断も、ときには疑ってみる？
日本においては、医師と患者の関係は、従属的、盲目的です。
しかし、交通事故は、被害者だけの問題では済まないのです。
社会復帰が遅れ、職場に迷惑をかけると、あなたの評価はダダ下がりとなります。
しかし、この要素は、損害賠償では考慮されていないのです。
交通事故における被害者の最大の目標は、早期社会復帰にあります。
であれば、医師の治療にも、神経質でなければなりません。

33　肉離れ、筋違いと捻挫、腸腰筋の出血、腸腰筋挫傷

肉離れ、筋違いの正しい傷病名は、筋挫傷です。
筋挫傷とは、筋肉や腱が打撃や無理に引き伸ばされることで生じる外傷です。
筋肉組織をやや伸ばした軽度なもの、組織が完全断裂する重度なものまで、拡がりがあります。

※腱とは、筋肉を骨に付着させる組織のことです。

交通事故では、転倒時の打撲などで、筋肉を損傷し、筋肉の腫れや内出血が起こります。
打撲部の痛み、腫れ、圧痛があり、太ももの前の筋、大腿四頭筋であれば、膝の屈曲が制限され、大腿の後部の筋、ハムストリングであれば、膝の伸展が制限、ふくらはぎの筋、腓腹筋であれば、足関節の背屈が制限されます。
受傷機転、損傷した筋肉の圧痛部位から、確定診断が行われています。
損傷のレベル、範囲、血腫の存在を確認するには、エコー検査やMRIが有用です。

さて、捻挫とは、靭帯の外傷を意味しています。
靭帯は骨と骨をつないでいる組織で、関節内に存在しています。
靭帯には、関節が正常範囲を越えて曲がる、伸ばされることのないように安定させる役割があります。

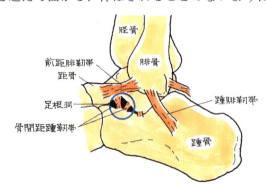

例えば、足首の外側の関節には、3本の靭帯があります。
この靭帯は、足部が前に突出する、内側に曲がり過ぎることのないようにシッカリとつなぎ止めていますが、外側からの着地で、無理に体重がかかると、靭帯だけでは支え切れなくなって、伸びる、断裂することになり、これを足関節捻挫と呼んでいます。
このような靭帯の外傷は、肘や膝など体内の他の関節でも発生しています。

発生直後から痛みのために歩行が困難となります。
損傷を受けた筋の部位に圧痛があり、ハムストリングでは、膝の屈曲運動で抵抗を加えると痛みが増強し、ハムストリングを伸ばすような動作でも、痛みが強くなります。
発症機転、損傷筋の圧痛部位から損傷筋の診断をします。
損傷程度や範囲、血腫の存在の判断には超音波検査やMRIが有用です。
受傷直後は、アイシングと、伸縮包帯で圧迫し、損傷を最小限に押さえ込みます。
3～5日を経過、痛みが軽くなれば、患部を暖め、ストレッチング運動により、筋の拘縮を予防し、関節の屈伸動作のリハビリ療法が行われます。
再発を繰り返すことがあり、慎重に対応する必要があります。

腸腰筋の出血、腸腰筋挫傷

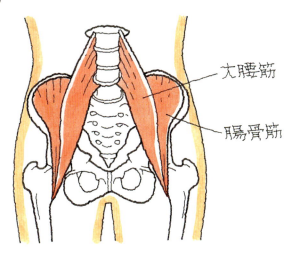

交通事故では、自転車、バイクからの転倒による打撲を原因としています。

腸腰筋は、腰椎と大腿骨を結ぶ筋肉群、大腰筋と腸骨筋の2つの筋肉で構成されています。
内臓と脊椎の間に存在し、主として、股関節を屈曲させる働きをしていますが、同時に、腰椎のS字型を維持する機能も併せ持っています。

腰椎椎体骨と大腿骨の間に腸腰筋と呼ばれる大きな筋肉があります。
腸腰筋挫傷による出血は、股関節～下腹部の痛み、足を伸ばせないなどの症状が出現します。
右側の腸腰筋出血では、右下腹部痛により、急性虫垂炎と間違えられることがあります。
出血付近の神経を圧迫し、下肢に神経障害、知覚麻痺やしびれの症状をきたすこともあります。
大きな筋肉であることから、大量出血が認められることもあります。

出血性ショックに陥れば、血圧低下、貧血が発生します。

XP、CT検査により、腸腰筋内の高濃度吸収域＝出血、低濃度吸収域＝血腫を確認することができるので、比較的、容易に診断されます。

治療は、保存的に、再出血防止のためにベッド上で安静が指示されています。

腸腰筋挫傷における後遺障害のキモ？

1）肉離れ、筋違いで後遺障害を残すことは、通常は考えられません。
ところが、腰腸筋挫傷では、過去に12級13号、12級7号を複数例、経験しているのです。

2）どうして？
自転車VS自動車の出合い頭衝突で、左股関節〜下腹部の痛み、足を伸ばせないなどの症状を訴える、被害者が救急搬送されてきました。
医師は、XP、CT検査を行って、骨折をチェックするのですが、骨折がないと分かると、途端に、興味を失い、引き続き、エコーやMRI検査を行って筋挫傷をチェックすることはありません。
CTであっても、出血や血腫は確認できるのですが、興味を失っており、そこで止まっているのです。
「打撲で内出血していますが、日にち薬で治ります。」と決めつけてしまうのです。

3）被害者も、打撲による肉離れ、骨折がなければ、一安心で、落ち着きます。

筋肉に対する打撲の程度が大きいと、深く広範囲に内出血が発生します。
内出血が発生した筋肉内では、組織の修復活動、つまり細胞の増殖が行われるのですが、この修復活動が過剰に進むと、筋肉が固くなり、筋肉どうしが癒着することがあります。
その結果、筋肉が伸びにくくなったり、収縮機能が落ちたり、関節の動きに制限が生じるのです。

筋肉の出血は、筋肉を覆っている筋膜と筋肉の間、あるいは筋肉の中で発生しています。
出血後の血腫は、筋肉を圧迫し、運動痛や、出血量が多ければ腫れてきます。
筋肉内出血では、筋肉自体はもちろんのこと、筋肉の周囲の神経や血管を圧迫することが予想され、筋肉自体の圧迫では、筋肉に引きつりが生じ、筋肉の長さが変わることにより、関節自体に外傷がなくても関節の可動域に制限が生じます。

神経圧迫では、その神経に麻痺が生じ、血管圧迫では、手足の先の血行障害を起こします。
これらが、長時間継続することで、後遺症を残すのです。
臀部、大腿部、肩の筋肉は、大きな筋肉であり、出血の量も問題となります。
出血性ショックに陥れば、血圧低下、貧血が発生します。

4）どうして、左股関節部に強い痛みを訴えているのか？
XP、CT検査により、腸腰筋内の出血、血腫を発見していれば、入院下で、アイシング、伸縮包帯による打撲部の圧迫、その後のリハビリ治療で完治したのです。
放置されたために、後遺症を残したのですが、12級7号で、1300万円をゲットした被害者もいます。

しかし、この後遺障害は、それなりの専門家が、研ぎ澄まされたセンスで対応しないと、医師の非協力もあって、なかなか追い込めないのです。
筋挫傷による炎症やうっ血が長期におよぶと、筋肉細胞が増殖し、硬化します。
これを医学では、硬結と呼ぶのですが、立派な他覚所見です。
上記の画像所見などの記載がないと、自覚症状だけでは、気のせい、大袈裟で非該当です。
我田引水で恐縮ですが、それなりの専門家とは、私や、チーム110のスタッフのことです。

34　半月板損傷

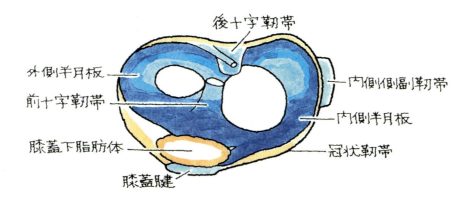

膝関節には、関節を支え、左右前後のズレを防止している靭帯の他に、関節の動きを滑らかにし、クッションの役目を担当する半月板という組織があります。
大腿骨と脛骨の間に存在し、紋甲イカの刺身をイメージさせる色と硬さの軟骨のクッション、上下の圧力を分散し、関節軟骨を保護しているのです。
医学的には、細胞外線維性基質と呼ばれる軟骨の一種です。

美しく優しい組織なのですが、ひとたび、これが割れる、切れるとなると、めくれ込んで関節軟骨を削ることもあれば、骨と骨の間に引きずり込まれたりして大暴れをするのです。

交通事故では、横方向からの衝撃で、膝を捻ったときに、半月板が大腿骨と脛骨の間に挟まれて、損傷、断裂するのです。
はね飛ばされ、着地する際に、膝関節が屈曲しつつ捻りが加わると、水平方向のストレスが加わり、そのストレスで、半月板を部分的、あるいは全体的に断裂しています。

受傷直後は、疼痛が主症状であり、膝を伸ばすと、一瞬、引っかかるような違和感が常にあります。
大きな断裂で、関節内に半月板の一部がはまり込んだときは、関節がある角度から伸展できない状態、ロッキング症状となり、激痛と可動域制限で、歩行ができなくなります。
半月板の辺縁部には血管があり、損傷が、血管の辺縁部まで達したときは、関節内に出血します。
半月板の損傷部位に一致して膝関節部に圧痛や運動時痛が認められます。
内側半月板損傷のほうが、外側半月板損傷より5倍も多く発生すると報告されています。

①マクマレー・テスト
仰向けで、膝を最大屈曲させ、ゆっくり足を動かすと、膝に激痛やグキグキの異常音が聞こえます。

②グリンディング・テスト
うつ伏せで、膝を90度屈曲し、踵を下に押しつけながら回すと痛みを発します。

上記のテスト以外に、単純XP撮影、CTスキャン、関節造影、MRI、エコーなどにより診断をしていますが、MRIがとても有効です。
関節鏡検査であれば、直接、半月板の損傷を確認することができます。

半月板の大部分は血液を送り込んでいる血管がありません。
そのため、半月板損傷に対する治療法は、温熱療法、関節内に直接ステロイドを注入する薬物療法、ヒアルロン酸の注入、痛み止めや消炎鎮痛剤等の内服、リハビリテーションなどの保存的治療が中心となりますが、近年は、放置すると変形性膝関節症に発展するところから、オペが選択されています。
手術は、断裂部位の縫合か、切除の二者択一です。

オペは、関節鏡という小さなカメラを関節に入れて、モニターテレビで関節の中を見ながら行います。
術後は膝をギプス固定し安静を保ちます。
縫合の場合は、術後6週間、切除の場合は、2週間で社会復帰が可能です。

半月板の単独損傷は少なく、交通事故では、60％の確率で、前十字靭帯や内側側副靭帯の損傷を合併しており、関節軟骨の損傷を伴うこともあって、注意を要します。
逆に、前十字靭帯の単独損傷で膝部動揺関節が生じ、それが誘因となって半月板を損傷することもあります。

半月板損傷における後遺障害のキモ？

1）20年前では、膝の可動域制限で12級6号もありましたが、近年は、関節鏡術が進化しており、機能障害で後遺障害が認定されることは少なくなっています。

2）問題となるのは、膝の打撲と捻挫と診断され、半月板損傷が見落とされたときです。
陳旧性となった半月板損傷は、関節鏡術でもスッキリと治りません。
多くは、痛みを残しており、通常歩行に悪影響を与えています。
MRIで半月板の修復状況を明らかにすれば、12級13号、14級9号が認定されています。

3）近年、半月板損傷に対して、ヒアルロン酸ナトリウムを関節内に注入する保存療法が行われており、効果的であるとの評判です。
膝関節軟骨の成分でもあるヒアルロン酸は、水分の保有率が高く、関節軟骨や半月板が傷ついたとき、関節の潤滑油やクッションの代わりになり、動きをよくしてくれるからです。
しかし、ヒアルロン酸を注射しても軟骨が再生されることはありません。
1回の注入で得られる効果は数日、時間の経過で、吸収、消失してしまいます。

今や、ヒアルロン酸は、若返り万能薬で、肩関節周囲炎、美容外科でのしわ取り、お肌のスベスベ感を保つとして、サプリメントも販売されています。
私は、こんなものに騙されません。

4）半月板の再生について
ひとたび欠損した半月板の組織、軟骨が再生することはありません。
したがって、半月板を完全に元通りに戻すことはできないというのが現状認識です。

しかし、最近、自分の膝の滑膜組織からとった幹細胞を使用して、半月板を再生させる治療法が日本で開発され、現在臨床研究が進められています。
近い将来、半月板の再生治療が実現する可能性が高まっています。
これは、ヒアルロン酸と違って、ホンマモノです。

●靭帯損傷の障害

35 ACL 前十字靭帯損傷
<small>ぜんじゅうじじんたいそんしょう</small>

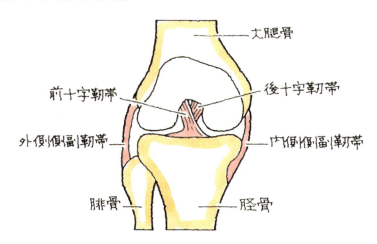

膝は太ももとすねの骨をつなぐ関節で、膝には内側側副靭帯、外側側副靭帯、前十字靭帯、後十字靭帯の4つの靭帯が存在します。
内・外側側副靭帯は上下の骨が、横方向、左右にズレる、前・後十字靭帯は前後にズレるのを防止しています。

前十字靭帯は、大腿骨の外側と脛骨の内側を結び、脛骨が前にズレないように引きつけています。
その目的から、前十字靭帯は、膝関節の安定性を保つ上では1番重要な靭帯です。
膝を伸ばしているとき、この靭帯は、張っている状態です。
交通事故では、膝を伸ばして踏ん張っているときに、膝を捻ると前十字靭帯損傷が起きています。

交通事故では、バイクを運転中の事故に多く発生、ほとんどは、断裂で、なにかが切れたような、ブチッという音を感じたと、多くの被害者から聞いています。
関節内は大量に出血し、パンパンに腫れ上がります。

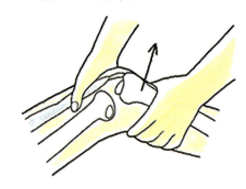

前十字靭帯損傷は、lachmanテストで診断を行います。
靭帯が断裂していれば、当然、膝がグラつくのですが、そのグラつきの有無や、特性を、このテストで

確認します。
膝を15～20°屈曲させ、前方に引き出します。
前十字靱帯断裂のときは、脛骨が異常に前方に引き出されます。
lachmanテストで大まかな診断がつきますが、損傷の程度を知るために単純XP撮影、CTスキャン、関節造影、MRI等が実施されます。MRIがとても有効です。

ストレスXP撮影
脛骨を前方に引き出し、ストレスをかけてXP撮影を行います。
断裂があるときは、脛骨が前方に引き出されて写ります。
後遺障害診断書には、○mmの前方引き出しを認めると記載をお願いしなければなりません。

関節鏡
関節鏡で直接、前十字靱帯や半月板損傷を確認することが可能です。

受傷直後は、膝を固定し患部を氷水でアイシングします。
アイシングは膝全体に3～4日間続けます。
一度断裂した前十字靱帯は自然につながることはありません。
軽症例に対しては、大腿四頭筋やハムストリング筋などを強化する、保存的治療を行います。

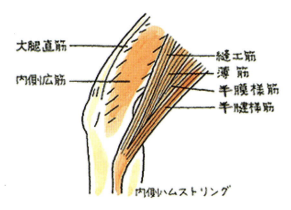

前方引き出しテストで、すねが太腿より前に異常に引き出される状態では、膝崩れを頻発し、半月板損傷を引き起こします。したがって、オペにより靱帯の再建を行います。

靱帯の再建術は受傷後1カ月程度の安静と可動域訓練の後に半腱様筋腱、薄筋腱、膝蓋腱の中央3分の1を採取して前十字靱帯をつなぎ再建します。
再建後は8～12カ月のリハビリが必要となります。
その他では、痛みや腫れがひいた受傷4～6週間後に、関節鏡下において自家靱帯で靱帯再建術を行い

ます。

ストレスXP撮影で10mm以上の動揺性が認められる場合は、手術の対象となりますが、極めて高度な技術を必要とします。
膝関節外来が設置されており、膝の専門医のいる医大系の総合病院を選択しなければなりません。

ACL前十字靭帯損傷における後遺障害のキモ？

1）経験則では、医師にオペの自信がなく、保存療法に終始した被害者の例が大半です。
つまり、膝関節に動揺性が認められ、日常や仕事上に大きな支障が認められる状況です。
通常歩行に、常時、装具の必要性のある場合は、1関節の用廃で8級7号が認定されます。

2）受傷から時間が経過し、陳旧性損傷となっているときは、オペで改善できる保証がありません。
半腱様筋腱、薄筋腱、膝蓋腱の中央3分の1を採取して編み込んで移植する再建術では、さらに、8カ月以上の休業が必要となり、現実的には選択肢となりません。
もちろん、保険屋さんが再建術の治療費を負担することも考えられません。
本件では、症状固定として後遺障害の申請を行います。
オペは、仕事の都合と勤務先の了解を得て、示談解決後に選択することになります。
先に、後遺障害を確定させる？
不正な企みの香りが漂いますが、そうではなく、これしか選択肢がないのです。

3）常時、固定装具を装着する必要性のないものは、10級11号が、重激な労働に限って、固定装具の必要性のあるものは、12級7号が認定されます。

4）後遺障害の立証には、必ず、ストレスXP撮影が必要となります。
ストレス撮影で、5〜8mmの動揺性が認められれば、12級7号、8〜10mmで10級11号、12mm以上で8級7号、経験則による目安です。
ストレス撮影で動揺が立証されない限り、12級以上の認定はなされない、と承知しておくことです。

36 PCL 後十字靭帯損傷

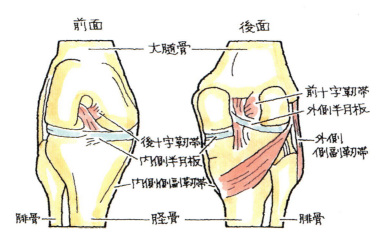

●靭帯損傷の障害

ACL前十字靭帯とPCL後十字靭帯は、ともに膝関節の中にある靭帯で、大腿骨と脛骨をつなぎ、膝関節における前後の動揺性を防止している重要な靭帯です。

交通事故では膝をダッシュボードで打ちつけて発症することが多く、dashboard injuryと呼んでいますが、PCLだけの単独損傷はほとんどありません。
多くは、膝蓋骨骨折、脛骨顆部骨折、MCL損傷を伴いますので実に厄介な外傷となるのです。

運転席や助手席で膝を曲げた状態のまま、ダッシュボードに外力・衝撃などによって、膝を打ちつけ、脛骨が90°曲がったまま後方に押しやられ、PCL後十字靭帯損傷となるのです。
同時に、膝蓋骨骨折・脛骨顆部骨折などに合併して生じることが多いのです。

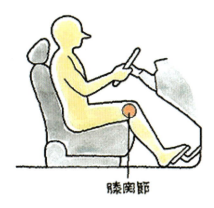

後十字靭帯損傷は、前十字靭帯損傷と比べ、機能障害の自覚や痛みが少ないのが特徴です。
前十字靭帯損傷に比して、痛みや機能障害の自覚が小さいものの、痛みと腫れは出現します。
訴えは、膝蓋骨骨折等の痛みが中心となります。

この治療を得意としているのは、整形外科、スポーツ外来で、専門医が配置されています。
ACL損傷に同じく、PCL損傷もテストによって診断を行います。
靭帯が切断されているときは、当然ながら、膝がぐらつくので、そのぐらつきの有無や特性により診断が行われています。

①posterior sagテスト

膝を90°屈曲すると、下腿の重みで脛骨が後方に落ち込みます。
仰向けで股関節を45°と膝を90°曲げます。
後十字靭帯断裂では、脛骨上端を後方に押すとぐらつきます。

上記のテストで大まかな診断が可能ですが、損傷のレベルを知るためには、単純X線写真、CTスキャン、関節造影、MRI等の検査を行います。
MRIがとても有効です。

②ストレスXP撮影

脛骨を後方に押し出し、ストレスをかけた状態でXP撮影を行います。
断裂がある場合、脛骨が後方に押し出されて写ります。
後十字靭帯損傷とは、靭帯が部分断裂したレベルであり、単独損傷では、大腿四頭筋訓練を中心とした保存療法の適用です。
膝を90°屈曲すると、下腿の重みで脛骨が後方に落ち込むのですが、これが10mm以上となると、後十字靭帯は断裂しており、再建術の適用となります。
自家組織のハムストリング腱、膝蓋腱などを編み込んで、アンカーボルトでとめるという高度な技術の必要な再建術が行われています。

オペとなれば、膝の専門医のいる医大系の総合病院を選択しなければなりません。

PCL 後十字靭帯損傷における後遺障害のキモ？

1）現在に至るも、医学界では、PCL後十字靭帯損傷の治療は、保存療法が中心です。
部分断裂であれば、硬性装具とハムストリングの強化で、一定の改善が得られます。
ドンジョイの装具で、自転車を漕ぐリハビリが効果的とされています。

完全断裂であっても、上記の保存的療法が推奨されているのですが、であれば、一生涯、脚が細くならないように、筋トレや太ももの強化リハビリを継続しなければならず、現実的な選択肢ではありません。
やはり、完全断裂の根治は、再建術に頼ることになります。

2）大多数の整形外科医は、後十字靭帯のオペは非常に難しく、感染症で人工関節の危険も予想されるところから、日本では、再建術を実施しない病院がほとんどであると説明します。
確かに、オペのできる医師は極めて少なく、1例の経験もありませんが、深部感染では、人工関節置換術の可能性も0ではありません。

3）無料相談会でも、保存療法に終始し、効果の得られていない被害者が、たくさん参加されています。
4カ月以上を経過していれば、6カ月を待って症状固定としています。

●靭帯損傷の障害

先に、症状固定とし、等級を確定させてから手術？
この説明には、やや不正な響きが感じられるのですが、絶対に不正ではありません。

①PCL後十字靭帯断裂も、4カ月を経過すると陳旧性となっています。
※陳旧性とは、新鮮さを失った古傷のことです。
今から、再建術を行っても、陳旧性であれば、専門医の執刀でも、元通りの保証はありません。
後遺障害等級が薄まる程度の改善が得られれば、御の字です。

②4カ月、6カ月が経過した段階で、保険屋さんに再建術を申し入れても、快く、治療費が負担されることはなく、大方は、弁護士対応で逃げられてしまうのです。

③さらに、再建術では、3、4カ月の入院と3カ月以上のリハビリ通院が必要となります。
ここから4、5カ月も休業すれば、勤務先では、解雇か、アザーサイド、忘れ去られてしまいます。
サラリーマンであれば、その後の会社人生を、完璧に、失ってしまうのです。
そして、このことは、本件の損害賠償の対象にはならないのです。

ほぼ全員の被害者が、泣く泣く、症状固定を選択しているのです。

4）膝に動揺性が認められるときは、膝を4点で固定するドンジョイを選択してください。

後十字靭帯の損傷、断裂は、MRIで立証します。
動揺性は、ストレスXP撮影で、健側に比して〇mmの動揺性が認められると、明確な記載を受けます。

下肢の動揺関節による後遺障害等級	
8級7号	労働に支障があり、常時固定装具の装着を絶対に必要とする程度のものは、1関節の用を廃したものとして8級7号が認定、
10級11号	動揺関節で労働に支障があるが、固定装具の装着を常時必要としない程度のもの、
12級7号	動揺関節で通常の労働には固定装具の装着の必要がなく、重激な労働等に際してのみ必要のある程度のもの、習慣性脱臼および弾発膝を残すもの、

後遺障害の立証には、必ずストレスXP撮影が必要となります。
ストレス撮影で動揺が立証されない限り、12級以上の認定はなされない、と承知しておくことです。

37　MCL 内側側副靭帯損傷

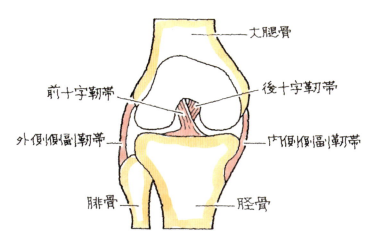

少々乱暴ですが、靭帯とは、膝を締め付けているベルトであると理解してください。
膝の左右の内・外側側副靭帯と、前後の十字靭帯というベルトで膝を強固に固定しているのです。
このベルトが伸びきったり、部分断裂したり、全部が断裂すると、当然に、膝はガクビキ状態、膝崩れを発症、これを医学では、動揺関節と呼んでいるのです。

MCLは浅層、深層、後斜靭帯の3層構造となっており、長さ10cm、幅3cmの範囲で膝関節内側部の大腿骨内上顆から脛骨内側部にかけて走行しています。
MCL損傷は、靭帯損傷の中でも最も多発する症例で、交通事故では、膝の外側から大きな衝撃が加えられたときに生じます。

側副靭帯は、内側と外側にあるのですが、交通事故でも、スキー・サッカー・相撲でも、圧倒的に内側側副靭帯の損傷です。
限界を超えて膝が外側に押し出されると、また外側に向けて捻ると、このMCLが断裂するのです。
膝関節内は出血し、ポンポンに腫れ、強烈に痛く、ある被害者は、受傷直後は、アクセルを踏むことすらできなかったと話していました。

外反動揺性テスト膝の内側靭帯が断裂しているので、膝をまっすぐに伸ばした状態で脛骨を外側に反らしたときに膝がぐらつく、で診断します。
損傷のレベルを知るために、単純XP、CTスキャン、関節造影、MRI等の検査を実施します。
近年、MRIがとても有効です。

動揺性の立証は、ストレスXPテストによります。
脛骨を外側に押し出し、ストレスをかけた状態でXP撮影を行います。

断裂があるときは、脛骨が外側に押し出されて写ります。

2015年初場所、常幸龍は、佐田の海戦でMCLを損傷し休場しました。
それでも、4日間の休場で、14日目から登場、5勝6敗4休の成績でした。
サッカー選手でも、2週間以内にピッチに戻ってきます。

MCLだけの損傷であれば、痛みやぐらつきも少なく、手術に至ることはありません。
保存的に膝の外反を避けつつ、運動療法を開始し、筋力訓練を行います。
アスリートでない被害者であれば、靭帯の機能が完全に回復するには、3カ月を要します。

単独損傷が多いのですが、ACL、PCL損傷や、内側半月板損傷を合併することもあります。
ACL、MCLと内側半月板を合併すると、Unhappy Trias、不幸の3徴候と呼ばれています。
単独損傷では、初期に適切な固定を実施すれば安定しますが、ACL損傷を合併しているときは、緩みやすくなります。
MCLが緩むことにより、その後に半月板損傷に進行することが多いのです。

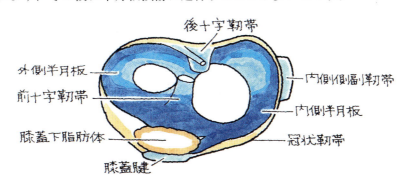

MCL 内側側副靭帯損傷における後遺障害のキモ？

1）膝部の靭帯損傷では、以下の3つのグレードに分類されています。

Grade Ⅰ　靭帯繊維に軽度の損傷のあるもの、
Grade Ⅱ　機能に影響を与える程度に損傷はあるが、一部の繊維に連続性が残っているもの、
Grade Ⅲ　靭帯の完全断裂により高度の不安定性を有するもの、

Grade Ⅰは、支持機構の部分的な損傷であり、いわゆる膝関節の捻挫と呼ばれる程度のものです。
いずれの靭帯であっても、Grade Ⅰ、Ⅱは保存療法により、改善が得られています。
Grade Ⅲでは、保存療法で改善が得られることはなく、早期の靭帯再建術が必要ですが、専門医以外では、この対応にもたついて後遺障害を残すことが圧倒的に多いのです。

2）ストレスXP撮影は、不安定性を定量的に立証する上で、絶対に必要なものです。

これは、放射線科の医師と技師にお願いすることですが、健・患側の差を比較するときは、放射線の照射方向が重要で、正確な正面、あるいは側面のXP画像で比較評価をしなければ、誤った判定となるのです。この点、注意が必要です。

MRIは靭帯や半月板の診断には欠かすことはできない検査であり、それぞれの靭帯の走行に沿った断面での撮影により、靭帯損傷の評価を正しくすることができます。

特に、前十字靭帯損傷では、靭帯陰影の消失だけではなく、その走行が脛骨関節面となす角度に注意する必要があります。

3）後遺障害の対象は、動揺関節と損傷部の痛み、神経症状です。
MCLの単独損傷で、Grade Ⅰであれば、常識的には後遺障害を残すことはありません。

Grade Ⅱになると、ストレスXP撮影で軽度の動揺性を立証、損傷そのものはMRIで明らかにすると、12級7号が認定される可能性があります。
MCLの運動痛で、14級9号、12級13号が認定されることも予想されます。

Grade Ⅲで、保存療法で漫然治療となり、陳旧性となったものは、やや深刻な左右の動揺性が認められます。やはり、ストレスXP撮影とMRIで丹念に立証する必要がありますが、動揺性で10級11号が認定される可能性があります。

動揺関節の機能障害と運動痛の神経症状は、併合の対象ではなく、いずれか上位の等級が認定されています。

38　LCL外側側副靭帯損傷
（がいそくそくふくじんたいそんしょう）

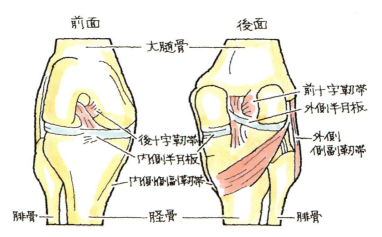

LCL外側側副靭帯は、ACL、PCL、MCL靭帯に比較すると、損傷する頻度は少ないのですが、交通事故に代表される高エネルギー外傷においては、PCL後十字靭帯損傷や腓骨神経麻痺を合併することもあり、重篤な後遺障害を残すことがあります。
※ACL　前十字靭帯、PCL　後十字靭帯、MCL　内側側副靭帯、LCL　外側側副靭帯

LCL外側側副靭帯損傷では、靭帯が断裂または引き伸ばされることによる膝外側部の疼痛、外側半月

板周囲の膝の激痛と運動制限が認められます。
膝の左右の不安定感もハッキリしており、膝が外れる、膝が抜けるなどの感覚を伴います。

Grade Ⅲ　靱帯の完全断裂では、腓骨神経麻痺による下腿から足先の麻痺、膝窩筋腱領域に広がる膝外側から膝裏にかけての広範な疼痛と不安定性が見られます。

LCL外側側副靱帯は、膝が内側に向かないように制御している靱帯です。
交通事故では、膝の内側からの打撃、膝を内側に捻ったときに断裂することがあります。
単独損傷はほとんど発生していません。
多くは、後方の関節包、PLS膝関節後外側支持機構という領域を含む複合損傷をきたします。

LCL外側側副靱帯損傷は、徒手検査で外側不安定性を認めることで、診断可能です。
さらに、ストレスXP撮影で、グレードを判別することができます。
MRIでは、骨挫傷、軟骨損傷、その他の靱帯や半月板損傷など、合併損傷がないかを検証します。
特に、後十字靱帯損傷を合併していることが多く、GradeⅡ以上の不安定性を認めるときは、MRI検査で、それらを検証しなければなりません。
膝外側側副靱帯損傷の治療は原則的にはリハビリを中心とした保存療法が中心ですが、Grade Ⅲで重度な不安定性が見られるときは、オペが必要となり、膝関節の専門医の出番です。

39　PLS膝関節後外側支持機構の損傷

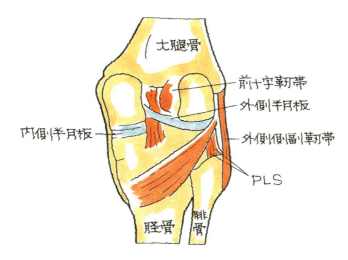

PLSは、LCL外側側副靱帯、膝窩筋腱と膝窩腓骨靱帯で構成されています。
PLSは、主に膝の外側の安定性、外旋安定性に寄与している重要な靱帯と腱の複合体です。

PLS損傷は、膝の靱帯損傷では少ない症例ですが、交通事故に代表される高エネルギー外傷では、複合靱帯損傷で発症しています。
単独損傷は少なく、特に、後十字靱帯損傷、膝関節の脱臼を合併したときは、膝窩動脈損傷、腓骨神経断裂などの血管・神経損傷が危惧されます。

急性期のPLS損傷は、急性期では、膝外側部に圧痛を認め、広範な腫れと皮下血腫を認めます。

PCL損傷、半月板損傷を合併しているときは、関節内血腫を伴います。
PLS損傷では、内反動揺性と回旋動揺性のいずれか、あるいは両方が見られます。
これらの動揺性を確認することにより、どの靭帯を損傷しているかが分かります。

内反ストレステストは、被害者を仰臥位で、完全伸展位と30°の屈曲位で行います。
30°屈曲位のみで関節裂隙が開大するときは、LCL単独損傷が疑われます。
完全伸展位でも、関節裂隙の開大が認められるときは、PLSの広範な損傷やPCL損傷の合併を疑うことになります。

LCL損傷でも、腓骨頭からの剥離骨折では、スクリューによる固定が行われています。
靭帯実質部での断裂は、LCL靭帯の縫合術が行われています。
大腿骨付着部での剥離骨折では、海綿骨スクリュー固定が実施されています。

実際のところ、LCL単独損傷は稀で、腸脛靭帯や広範な関節包の断裂を伴うことが多く、損傷した靭帯に対しては、すみやかに修復術を行い、剥離骨片を伴うときは、骨接合術を併用すべきです。

40 複合靭帯損傷

膝関節の安定性は、靭帯で制御されています。
膝関節には、4つの主要靭帯、
①ACL前十字靭帯、
②PCL後十字靭帯、
③MCL内側側副靭帯、
④LCL外側側副靭帯があり、
⑤PLS膝関節後外側支持機構とともに、膝の安定性を保持、正しい運動軌跡を誘導しています。

ACL前十字靭帯は、脛骨が前方にズレることを制御しています。
PCL後十字靭帯は、脛骨が後方にズレることを制御しています。
MCL内側側副靭帯は、膝関節の外反＝X脚となるような方向を制御しています。
LCL外側側副靭帯は、膝関節の内反＝O脚となるような方向を制御しています。

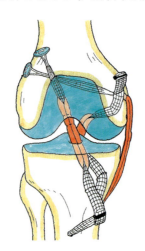

膝の複合靱帯損傷とは、上記の4つの靱帯中、2つ以上の靱帯が損傷を受けた状態を言います。
単独の靱帯損傷に比して、膝関節の不安定性が大きく、同時に半月板損傷や軟骨損傷、PLS膝関節後外側支持機構の損傷を合併する頻度も高く、相当に高度な機能障害をもたらします。

交通事故で、大きな外力が膝に集中したときは、これらの靱帯が同時に損傷することがあります。
その際に生じる機能障害は、個々の靱帯が損傷したときよりも、重大なものとなります。
例えば、PCL後十字靱帯は、下腿が後方に落ち込むことを防ぐ働きがあります。
また、LCL外側側副靱帯は、下腿が内反＝内側に折れ曲がることを防いでいます。
仮に、PCL後十字靱帯とLCL外側側副靱帯を同時に傷害すると、下腿が後方に落ち込んだり、内反しやすくなったりするだけでなく、下腿が捻れるように後外側にズレる、回旋不安定症状が出現します。

複合靱帯損傷の機能障害は複雑かつ深刻です。
治療・手術も当然に高い技量が要求され、仮に損傷した靱帯をすべて再建したとしても、予後は不良で、膝の不安定性を残す、反対に硬くなり過ぎて膝の可動域制限を残すことも予想されます。

複合靱帯損傷では、どの靱帯を再建するか、損傷の程度や受傷からの時間、また、被害者の活動性などを考慮した上で決定しなければならず、いずれにしても医大系のスポーツ外来、膝の専門医を頼ることになります。

LCL、PLS、複合靱帯損傷における後遺障害のキモ？

1）滅多に発症しない靱帯損傷ですが、難治性で非常に厄介なものです。
新鮮例では、急性期の対応の仕方によって、オペ後の膝関節機能を大きく左右します。
しかし、ほとんどの被害者は、治療先や医師を選ぶことができません。
救急搬送されたすべての治療先に、膝関節の専門医が配置されていることもありません。

そこで、治療の基本として、2つだけ、覚えておいてください。
①PCL後十字靱帯とMCL内側側副靱帯は、本来、高い治癒能力を有している靱帯ですが、ACL前十字靱帯とPLS膝関節後外側支持機構は、治療が極めて難しい靱帯であること、

②すべての靱帯を1回のオペで修復、再建することは、膝関節の専門医のみができること、

その上で、傷病名、症状から、被害者としては、治療先と専門医の選択を急ぐことになります。

2）残念ながら、見逃された結果、陳旧性の靱帯損傷となったとき、
PLS膝関節後外側支持機構の損傷では、内反および回旋動揺性による膝崩れが頻繁に生じます。陳旧性であっても、オペが選択されることになりますが、経験則では、いずれも十分に満足できる結果は得られていません。
したがって、症状固定として後遺障害を申請します。
受傷から6カ月以上を経過して再オペとなっても、保険屋さんが治療費を負担することはありません。
労災保険適用であれば、治療費は負担され、休業給付金の支払いも続けられますが、ここから3カ月の

入院、2カ月以上のリハビリで休業が続くと、サラリーマン人生は終わります。
解雇、退職は、損害賠償の対象ではありません。
被害者としての選択肢は、症状固定、後遺障害診断、損害賠償しか残されていないのです。

3）PLS損傷では、内反動揺性に対して、LCLの再建術、回旋動揺性に対しては膝窩筋腱と膝窩腓骨靭帯の再建術が行われています。
複合靭帯損傷では、ハムストリングや膝蓋腱の移植を伴う高度な再建術が採用されています。
いずれも、解決後に、再建術を模索することになります。

●神経麻痺の障害

41　座骨・腓骨・脛骨神経麻痺って、なに？

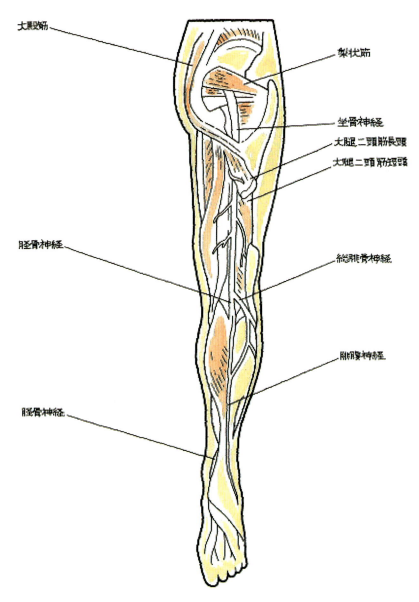

「脛骨神経損傷で右足関節と右足趾の自動運動が不能であるのに、後遺障害が非該当？」
無料相談会に参加された被害者です。
神経伝達速度検査でも検出不能であり、症状に嘘はありません。
「どうして、脛骨神経が損傷したの？」これが、私が抱いた疑問です。
調査事務所も、傷病名から脛骨神経損傷を発症することは考えられないとして非該当にしています。
早速、新たな立証を行い、異議の申立を行うことになったのですが、結果が出るまで、これ以上の情報は、開示できません。

ここでは、座骨神経、腓骨神経、脛骨神経の総論について解説を行います。

（1）坐骨神経（ざこつしんけい）

元をただせば、すべては坐骨神経から出発している？
坐骨神経は、腰仙骨神経叢を構成する末梢神経のうち、L4～S3神経から始まります。
坐骨神経の走行は、腰仙骨神経叢を出た後、梨状筋下孔を通過して骨盤外へ出て、大腿後面を下行し、膝の裏＝膝窩の上方で、総腓骨神経と脛骨神経に分かれるのです。
もう少し、分かりやすく説明すると、
坐骨神経は背骨から出発、お尻を貫いて太ももの後面を下がり、ふくらはぎを通って足に分布します。
坐骨神経は、末梢神経では、最も太くて、長さが1mの神経です。
大腿後側の中央まで下降して、そこで、総腓骨神経と脛骨神経とに分岐するのです。

つまり、膝の裏までは、坐骨神経であり、そこから脛骨神経と腓骨神経の2手に分かれ、この2つの神経が足の運動と感覚を支配しています。

坐骨神経は大腿の裏側と下腿の一部、そして足の裏の感覚を支配しており、坐骨神経麻痺では、ふくらはぎの裏側や足の裏のしびれや感覚の鈍麻、うずき、灼熱感、疼痛を発症し、膝や足の脱力感を訴え、歩行困難となります。完全断裂の重症例では、足関節の自動運動不能、下垂足を示し、膝の屈曲が自動でできなくなります。
股関節の挫滅的な後方脱臼骨折に伴って、完全断裂をしたときは、予後不良で深刻な後遺障害を残しますが、稀な神経麻痺であり、私は1例の経験もありません。
多くは、坐骨神経の圧迫や絞扼が原因であり、この因子を除去してやれば、改善が果たせます。

（2）脛骨神経（けいこつしんけい）

脛骨神経は、大腿後面の中央より遠位で坐骨神経の内側部分として分岐し、中央を下行、足関節の底屈と足趾の屈曲を行う筋群と、足関節外果より足背外側、足底の知覚を支配しています。

脛骨神経の完全麻痺は、大腿骨顆部や脛骨プラトー部の挫滅的な粉砕骨折に伴って発症することが予想されますが、経験則では、稀な神経麻痺です。
最近では、自動二輪車直進VS2トントラック対向右折の出合い頭衝突で、右下腿部挫創の被害者に、脛骨神経の部分麻痺、右足関節の背屈障害が認められています。

脛骨神経が完全麻痺すると、腓腹筋、ヒラメ筋の麻痺により足関節の底屈、内反、足趾の屈曲が困難となり外反鉤足を示します。

※外反鉤足＝踵足は、足のつま先が宙に浮き、踵だけで接地する足の変形です。

中足骨の骨間筋は、神経麻痺のため、足趾に鉤爪変形が生じ、また、足底の感覚障害も起きます。

脛骨神経麻痺の代表は、神経の完全断裂ではなく、絞扼性神経障害の足根管症候群です。
つま先立ちができない、足趾の屈曲が困難、足底の夜間痛、しびれなどの症状が出現しますが、保存療法もしくはオペで改善が得られるものがほとんどであり、であれば、過剰反応することもありません。

(3) 腓骨神経（ひこつしんけい）

腓骨神経も、坐骨神経から分岐する神経の1つですが、総腓骨神経は、大腿二頭筋の内側縁に沿って下降、腓骨頭を回って下腿前側に出て浅腓骨神経と深腓骨神経に分岐します。
浅、深腓骨神経とも下降を続け、最終的には、足背と足趾に分布します。

総腓骨神経麻痺では、足関節の背屈や足関節は自動運動が不能で下垂足となり、あひる歩行＝鶏歩、また、外反運動が不能になり内反尖足を示し、足背の痛みを訴えます。

※あひる歩行＝鶏歩とは、下垂足なので、足を高く持ち上げ、つま先から投げ出すように歩くことです。

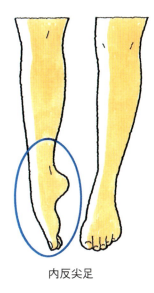

内反尖足

腓骨神経の完全断裂では、足趾の自動運動も不能となります。

腓骨神経は、走行している位置により、最も外傷を受けやすい神経の1つです。
膝窩部周辺や足関節の外傷で断裂することがあり、大腿骨顆部や脛骨顆部、足関節果部の挫滅的な粉砕骨折では、要注意です。

42 坐骨神経麻痺

坐骨神経は、大腿骨頭のすぐ後方を走行しており、股関節の挫滅的な後方脱臼骨折、仙骨の縦断骨折であれば、断裂する可能性があります。
腰部脊柱管狭窄症、腰部椎間板ヘルニアに伴って発症することがありますが、ほとんどは、断裂ではなく、圧迫されたことによる絞扼性神経障害もしくは坐骨神経痛ですから、この因子を除去してやれば、改善が果たせます。

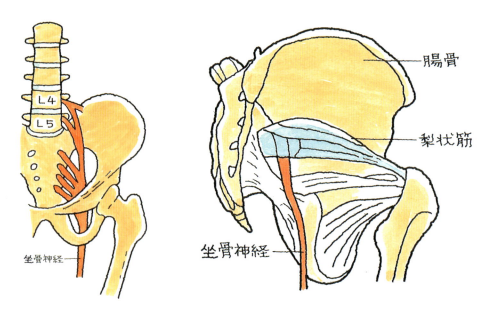

坐骨神経は大腿の裏側と下腿の一部、そして足の裏の感覚を支配していますから、坐骨神経麻痺では、ふくらはぎの裏側や足の裏のしびれや感覚の鈍麻、うずき、灼熱感、疼痛を発症し、膝や足の脱力感を訴え、歩行困難となります。

断裂による重症例では、足関節と足趾の自動運動が不能となり、腓骨神経麻痺と同じで下垂足を示します、膝の自動による屈曲運動ができなくなります。

坐骨神経麻痺の傷病名が診断されても、ほとんどは、坐骨神経の圧迫や絞扼を原因としており、この因子を除去してやれば、時間はかかりますが、改善が果たせます。

股関節の挫滅的な後方脱臼骨折、仙骨の縦断骨折に合併して完全断裂をしたときは、深刻な後遺障害を残しますが、私は１例の経験もありません。

坐骨神経麻痺における後遺障害のキモ？

①ここでは、滅多にありませんが、坐骨神経の完全麻痺について解説します。

完全麻痺では、後遺障害等級は、膝関節の屈曲が不能、足関節が下垂足のときは、膝関節と足関節の用を廃したものとして６級７号が認定されます。

足趾のすべての用廃は、９級15号に該当するのですが、これを併合すると、併合５級となります。

１下肢を足関節以上で失ったもの、５級５号にはおよばず、序列調整され、６級相当となります。

②立証のための必要な検査？
□筋電図と神経伝達速度検査、針筋電図検査で神経麻痺を立証すること、
□ラセーグテストで30°以下の挙上、膝屈曲が不能であること、
□アキレス腱反射の減弱もしくは消失、足関節の底屈不能、足を内側に曲げる内反運動が不能
□MRI検査

交通事故受傷では、股関節の挫滅的な後方脱臼骨折、仙骨の縦断骨折に限定して断裂することが予想されます。

股関節後方脱臼骨折や仙骨縦断骨折の傷病名がない被害者では、過剰反応は禁物です。

●神経麻痺の障害

腰部脊柱管狭窄症、腰部椎間板ヘルニアを原因として発症するものは、多くが坐骨神経痛です。
坐骨神経痛であれば、時間はかかりますが、改善が得られます。
したがって、後遺障害の対象にはなりません。

43 脛骨神経麻痺(けいこつしんけいまひ)

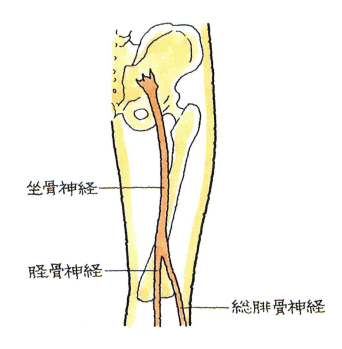

膝窩の上方で坐骨神経から分岐し、膝窩動・静脈の後ろ側に沿って下降、くるぶし後方で足底神経に分岐し、下腿後ろ側の筋肉や足底の筋肉群の一部を支配しています。
脛骨神経は深部を走行しており、外傷の際に損傷を受けることはほとんどありません。
稀に、膝窩部で損傷を受けることもありますが、腓骨神経麻痺に比較すれば少数例です。

ともあれ、脛骨神経の完全麻痺は、大腿骨顆部や脛骨プラトー部の挫滅的な粉砕骨折に伴って発症することが予想されるので、この傷病名があるときは神経質な対応をしています。
脛骨神経が完全麻痺すると、腓腹筋、ヒラメ筋の麻痺により足関節の底屈、内反、足趾の屈曲が困難となり外反鉤足を示します。
※外反鉤足＝踵足は、足のつま先が宙に浮き、踵だけで接地する足の変形です。

中足骨の骨間筋は、神経麻痺のため、足趾に鉤爪変形が生じ、また、足底の感覚障害も起きます。
脛骨神経麻痺の代表は、神経の完全断裂ではなく、絞扼性神経障害の足根管症候群です。
つま先立ちができない、足趾の屈曲が困難、足底の夜間痛、しびれなどの症状が出現しますが、大半は、保存療法もしくはオペで改善が得られるものであり、であれば、過剰反応することもありません。

脛骨神経麻痺における後遺障害のキモ？

1）交通事故外傷による脛骨神経麻痺が少ないことは事実ですが、大腿骨顆部や脛骨プラトー部の開放

性で挫滅的な粉砕骨折、足関節の開放性3果骨折、距骨、踵骨のグレード3以上の骨折では、具体的な症状を確認し、神経質にフォローしています。

2）脛骨神経の完全麻痺では、足関節の自動底屈運動が不能となり、8級7号が認定されます。
足趾すべての自動屈曲運動が障害されていれば、9級15号、併合で7級が認定されるのです。
外反鉤足についても、日常生活で装具の装用が必要なのか、足趾に鉤爪変形、足底の感覚障害も後遺障害の対象として検証しなければなりません。
備えあれば憂いなしですが、なんでもないと見落とせば、被害者救済の実現はありません。

3）この執筆を終えて2カ月、初めて、京都で脛骨神経部分麻痺の被害者に遭遇しました。
バイク直進VS相手自動車対向右折の出合い頭衝突です。
傷病名は右下腿挫創ですが、弁慶のスネ部分を深く切っており、ケロイド創瘢痕を残していました。
右足関節の背屈が自動運動で不能で、下垂足、足趾の用廃は認められません。
脛骨神経の部分麻痺は、神経伝達速度検査で立証し、12級7号の認定を受けました。

44　腓骨神経麻痺（ひこつしんけいまひ）

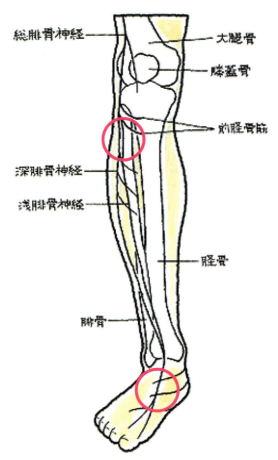

○印は、腓骨神経断裂の好発部位です。

腓骨神経は、下腿を走行する神経ですが、坐骨神経から腓骨神経と脛骨神経に分かれます。
腓骨神経は、膝の外側を通り、腓骨の側面を下降して、足関節を通り、足趾に達します。

● 神経麻痺の障害

私の最初の経験では、1999年1月、友人の車に同乗中、交差点で出合い頭衝突し、右膝部をダッシュボードで打ちつけるダッシュボード・インジュリーで右腓骨神経麻痺を発症しました。
被害者は24歳のOLで、右下腿骨に脱臼や骨折は認められておりません。
その後、彼女は2年間、リハビリを続けましたが、改善は得られず、症状固定となりました。

好発部位は、膝の周辺と、足関節の周辺です。
傷病名が、膝関節の前・後十字靱帯損傷、脛骨顆部のプラトー骨折、足関節の内・外果骨折等、下腿骨の遠位端骨折では、要注意です。

先の女性は、下腿骨の骨折は認められていませんが、腓骨骨頭部の強い打撲で、腓骨頭の後ろから前へ回り込むように走行している総腓骨神経が断裂した珍しい例です。
2年間のリハビリ治療を行いましたが、私は、受傷後6ヵ月で症状固定を選択しています。
腓骨神経の圧迫や絞扼性のものは、その因子を除去してやれば、改善が果たせますが、腓骨神経の断裂は非可逆性で、改善は期待できません。
最近の医学書では、腓骨神経の縫合術が紹介されていますが、私が担当する被害者で、このオペが実施されたことはありません。

腓骨神経は足関節と足趾に支配領域を持っており、腓骨神経断裂では、自力で足首や足趾を曲げることができなくなります。
足関節は、drop foot、下垂足の状態となり、自力で背屈ができません。
このことを、医学では、内反尖足による下垂足と言います。

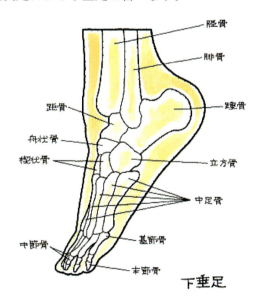
下垂足

具体的には、足趾と足首が下に垂れた状態ですので、靴下がうまく履けません。
同じことは靴を履くときにも見られます。
そのつど座って、片手で足を支えてやらないと、靴下も靴もうまく履くことができないのです。
車の運転も、右足でアクセルやブレーキを踏むことはできません。
スリッパやサンダルは歩いているうちに脱げてしまいます。

走行・正座・和式トイレの使用は当然に不可、右下腿をしっかり保持できませんので、常時、杖や片松

葉の使用が必要となります。

深刻なのは、右下腿部の疼痛と筋拘縮です。
右下腿部は常にしびれたような重だるい疼痛が持続し、この痛みと腓骨神経麻痺による血流障害が発生、下腿全体の筋肉が拘縮・萎縮していきます。
放置すれば、右下腿は廃用性萎縮となり、スカートがはけなくなります。
これを防止する意味で、生涯、下腿部のリハビリ治療が欠かせません。
常に整体やマッサージで筋肉を揉みほぐしてやる必要が絶対にあるのです。

治療は、下垂足のままだと、歩くことも困難で日常生活を送るのにも非常に不便ですから、足首を固定する、距踵関節固定術を行います。
後遺障害等級は、手術に関係なく、足関節の用廃で8級7号、足趾の用廃で9級15号、併合7級が認定されます。

腓骨神経麻痺における後遺障害のキモ？

1）腓骨神経麻痺の立証は、2000年5月以来、交通事故110番の最も得意とするところです。
経験則は、80例を突破しており、現在でも、下肢では、この傷病名の相談が最大となっています。

ところが、整形外科医の多くは、経験則に乏しく、総腓骨神経麻痺は、正座をしたときの足のしびれのようなものと理解しているのです。
したがって、受傷から2カ月以内に腓骨神経麻痺の可能性を指摘し、丁寧な神経伝達速度検査で立証していく必要があるのです。
時間が経過すればするほど、本件事故との因果関係が疑われ、等級認定が困難になります。
2カ月以内に、迷うことなく、交通事故110番に相談してください。
チーム110を派遣、立証作業に入ります。

2）立証のための必要な検査？
□腓骨神経麻痺は筋電図検査、神経伝達速度検査で、脱神経所見を証明する。

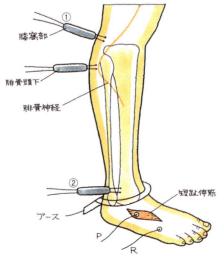

神経伝達速度検査を測定するポイント

膝下部の腓骨神経麻痺では、①と②の2つのポイントで電気を流して、足先にある短趾伸筋を収縮させます。それぞれのポイントから、どれだけのスピードで刺激が伝わってくるか、また刺激が伝わるまでどれぐらいの時間がかかるのかを調べます。
麻痺のレベルは、健側と患側を比較して判別されています。

□前脛骨筋・長母趾伸筋・長趾伸筋・腓骨筋・長母趾屈筋・長趾屈筋の左右の徒手筋力テストを受け、数値をカルテに記載することをお願いする。

□足関節および足指の背底屈ですが、他動値は正常ですが、自動値ではピクリとも動きません。
調査事務所は、関節の機能障害については、医師が手を添えて計測する他動値を基準にして後遺障害等級を認定します。
本件は、他動値では正常を示すことから、神経麻痺のため自動値で計測を行ったと、後遺障害診断書に記載をしておく必要があります。

ここまで立証して、やっと7級相当となるのです。
いずれも簡単なことですが、被害者が指摘しない限り、主治医が気付くことは、ほとんどありません。
この傷病名をご存じない、整形外科医がかなりおられます。
上記のポイントをキッチリ押さえておかないと、足趾の用廃で9級15号が認められるのも容易ではありません。

3）このシリーズでは、力を込めて坐骨・脛骨・腓骨神経麻痺を解説しました。
本当の、坐骨・脛骨神経断裂による神経麻痺は、この16年間、1回も経験していません。
いずれ遭遇すると予想していますが、それ以前に動脈損傷でアンプタ＝amputation＝切断されている可能性が高いとも考えています。
しかし、腓骨神経麻痺は、多くの経験則を有しているのです。
私は、下腿の神経麻痺は、最初に腓骨神経麻痺を想定するところからスタートしています。

45　深腓骨神経麻痺＝前足根管症候群
しんひこつしんけいまひ

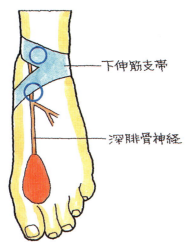
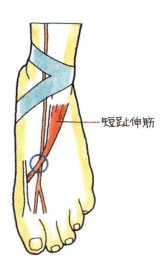

無料相談会に参加された45歳女性です。

対面信号が青となり、横断歩道で歩行をはじめたところ、左折車の衝突を受けたもので、傷病名は右腰部、右膝の打撲、左手と左前腕部の擦過傷、右前足根管症候群となっていました。

「はて、前足根管症候群って、外傷性の傷病名だった？」私が抱いた疑問です。
受傷から3カ月目の参加で、腰部に打撲による疼痛を残していますが、現在の中心的な症状は、右親趾と第2趾基節骨中間部のしびれと痛みです。
転倒時に、右足首の捻挫はしていないとのことです。
この被害者はジョギングが趣味で、毎日10kmを走行、事故時もジョギング中であったとのことです。

事故直後は、右半身のあちこちが痛くて気にしていなかったが、2カ月を経過した頃より、この部分の痛みとしびれが目立つようになり、まだ、ジョギングに復帰できていないとのことです。

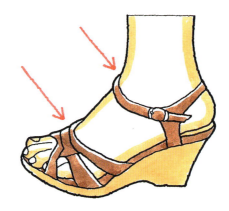

上記のピンク色の線が深腓骨神経で、赤色で表示された部分の感覚を支配しています。
前図の青色の部分は、下伸筋支帯と言い、筋膜が変性してできた腱で、ちょうど足首を回り込むようにして存在し、トンネルのような形状で足の背部を通る4つの筋肉を足根骨に押しつける役割を果たしているのですが、深腓骨神経はこの下を通り抜けて出てくるのです。

下伸筋支帯の〇部分で圧迫を受けると、深腓骨神経が圧迫され、赤色部がしびれ、感覚異常が出現します。そして、深腓骨神経は、短趾伸筋部でも圧迫を受けることがあります。
深腓骨神経は、短趾伸筋を支配しており、圧迫を受けると、短趾伸筋の筋力が低下します。

しかし、前足根管症候群＝深腓骨神経麻痺は、深腓骨神経の単なる絞扼性神経麻痺です。
相談者は、サンダル履きで参加されていたのですが、正に、サンダルのストラップ部分で、足が圧迫を受けており、毎日10kmのジョギングも、靴の紐をきつく締めることにより、年月の経過で発症したものと思われました。
サンダルの上のストラップ部分を、指で押し込むと、しびれや痛みが増強、このことが証明されました。
サンダルのストラップ、ジョギングシューズは、靴紐をきつく締めないで様子を見るように指示しました。
ガングリオンなどの腫瘍を原因としたものでは、オペで圧迫因子を開放することになりますが、サンダルや靴が原因であることが大多数です。

当然に、本件事故によるものではなく、そうであっても、後遺障害の対象にはなり得ません。
そのことを理解させ、無料相談会を終えました。

●神経麻痺の障害

46　浅腓骨神経麻痺
　　　せんひこつしんけいまひ

膝窩部で坐骨神経から枝分かれした総腓骨神経は、腓骨骨頭の後ろから前側に回り込むように走行し、膝下部、深腓骨神経と浅腓骨神経に分岐して腓骨に寄り添って足趾まで下降しています。

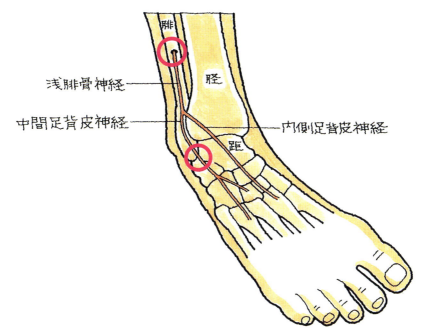

軽い内返し捻挫をイメージしてイラストを作成しています。

下腿を走行、下降してきた浅腓骨神経は、足関節の手前で、中間足背皮神経と、内側足背皮神経に分岐し、足趾に到達、足の甲から足指の上側の感覚を支配しています。
先のイラストですが、上の赤い○印の部分で、浅腓骨神経が圧迫されることが多いのです。
下の赤○印は、足首を内返しに捻挫したときに、距骨の角が隆起して浅腓骨神経を下から押し上げ、伸びてしまうことがあります。いずれも、足の甲の先部分にしびれと痛みを発症します。

浅腓骨神経麻痺は、足の甲部周辺の感覚を支配する神経であり、この神経に麻痺が生じても、足関節や足趾の自動運動が不能になることも、筋萎縮することもありません。
赤○印の2つのポイントを圧迫しないようにすれば、ほどなく改善するもので、交通事故であっても、後遺障害の対象ではありません。

深腓骨神経麻痺、浅腓骨神経麻痺における後遺障害のキモ？

1）これまでに腓骨神経麻痺とその深刻な後遺障害を学習してきたのですが、深腓骨神経麻痺や浅腓骨神経麻痺は、圧迫による絞扼性神経麻痺であり、後遺障害が問題とされるものではありません。

深刻な腓骨神経麻痺とは、神経の断裂によるものであり、好発部位は、膝関節の外側部である腓骨骨頭と、足関節遠位端の外果部の2カ所に限られます。
これらの部位の脱臼や開放性粉砕骨折では、深刻な腓骨神経麻痺が予想されるのです。
総腓骨神経、深腓骨神経、浅腓骨神経など、呼び方に神経質になる必要はありません。

2）交通事故受傷では、主体的には、整形外科で治療を受けるのですが、手足の傷害では、医師の反応は、この領域の専門医でもない限り、神経質なものではありません。
本件で、足の甲のしびれを訴えても、患部を触診することもなく、MRI撮影も行うことなく、
「腰からきているかも？」「足の血行障害じゃないの？」こんな感想で済まされてしまうのです。
浅腓骨神経麻痺であることなど、簡単に見逃されてしまうのです。

腰部が原因としてホットパックや腰椎牽引を繰り返しても、水虫に目薬で、改善は得られません。
主治医を盲目的に信用するのではなく、医大系病院の専門医を受診しなければなりません。

47　仙髄神経麻痺

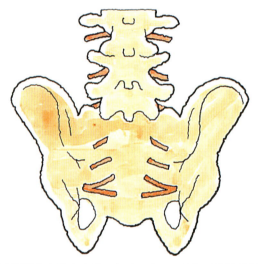

仙骨部を裏側から見たイラストで、オレンジ色が仙骨神経です。

少数例ですが、交通事故で仙骨の骨折に伴い、仙骨神経を損傷することがあります。

脊髄損傷の重症度を考えたとき、仙髄損傷では、呼吸筋や足の麻痺はなく、どちらかと言えば、軽症に分類されるのですが、仙髄の損傷で出現する代表的な症状は、足のしびれや筋力低下などです。

胸髄損傷では、感覚消失が代表的な症状でしたが、仙髄損傷では、感覚は残るのです。
しかし、スタスタ歩けるほどの筋力はなく、しびれもあって、動かすことが困難となります。
リハビリを通して、徐々に足の機能を回復させていくことになります。

仙髄神経根、S2～S4は、排尿調節、排便調節そして性機能に関与しており、この部位の損傷では、膀胱や腸の機能消失により、排尿や排便が、自力ではできなくなり、性機能にも影響を与えます。

脳から伸びた神経は頭蓋骨を出て脊髄となり、背骨の中心にある背柱管を通ります。
頚部で枝分かれした神経、頚髄神経は、後頭部・首、腕、手指へ、
胸の部分から枝分かれした神経、胸髄神経が胴体へ、
腰から枝分かれした神経、腰髄神経は、下腹や臀部、足の前側へ伸び、
背骨の末端、仙骨まできた神経、仙髄神経は、膀胱や陰部、足の裏側に至ります。

各神経の支配領域は決まっており、発症部位から、どの神経が損傷しているかが分かります。

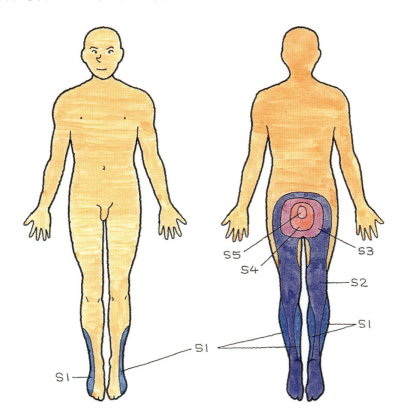

仙骨骨折における後遺障害のキモ？

1）骨盤骨折の中でも、仙骨骨折では、仙髄神経損傷を合併する頻度が高いのです。
仙骨神経、S1～S4は、梨状筋の前で仙骨神経叢となり、下肢の運動機能を、S2～S4では、排尿調節、排便調節そして性機能を支配しており、さらに、自律神経系からの介入もあって、これらの機能に重要な役割を果たしています。

2）S1/2の損傷では、足関節を自動運動で背屈することができなくなります。
足背は強烈にしびれ、筋力は低下、下肢に筋萎縮が認められます。
針筋電図検査で仙髄神経麻痺を立証すれば、10級11号が認定されます。

3）S3/4/5の損傷では、排尿・排便・性機能に障害を残します。
排尿障害は、泌尿器科でウロダイナミクス検査を受けて立証します。
排便障害も、泌尿器科における肛門内圧検査で立証します。
性機能障害は、男女別、その内容により立証が異なります。
詳細は、「4　骨盤骨折に伴う出血性ショック　内腸骨動脈損傷」を参照してください。

いずれも、針筋電図検査で仙髄神経麻痺を立証することが、等級認定の前提となります。

●足の障害

48　足の構造と仕組み

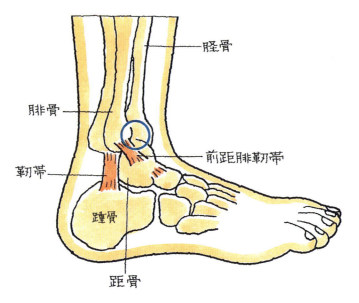

足関節は、脛骨と腓骨で形成されるソケットに、距骨がはまり込む構造となっています。
距骨の下後方に位置する踵骨、かかとは、脛骨、腓骨と靭帯でつながっており、広義には、足関節は、脛骨、腓骨、距骨、踵骨の4つの骨で構成され、主に、つま先を上下に向ける動きにかかわっています。

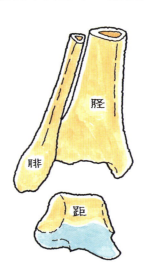

関節表面は軟骨と呼ばれる弾力のある組織で覆われ、足関節周囲は、多くの関節や強靭な靭帯に囲まれていて、衝撃や負担に強い仕組みとなっています。

足関節では、脛骨と腓骨が距骨をおさえる働きを補助するように、くるぶしの上の脛腓関節をしっかり固定してやると、捻挫の危険性から回避できると言われています。

●足の障害

トレッキングシューズをイメージして頂くと理解が早まります。

足関節を構成する骨のうち、距骨は踵側からつま先側へ広がる台形となっています。
この骨形状は、距骨が後方へ動くのを抑制し、前方へ動きやすい状態を作り出しているのです。
そして、前距腓靭帯は、距骨が前方へ動くのを止めているのです。

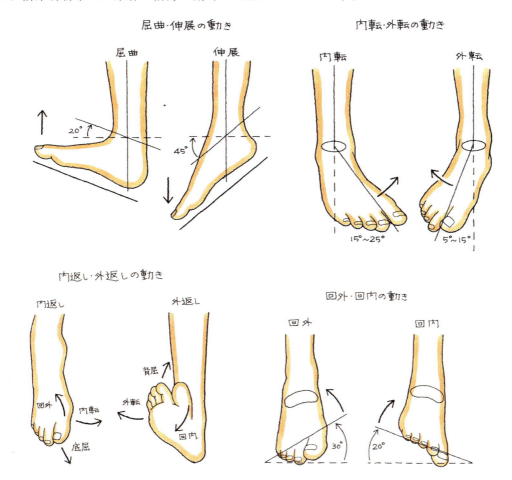

足首は多くの関節の組み合わせから構成されており、その運動は複雑です。
底屈・背屈を基本に、内転と外転、回内と回外といった複数の動きが無意識のうちに組み合わさって、内返し・外返しという足の動きを形作ります。

ヒトの足は、立つ、歩く、走ることを目的としており、その機能に合致する構造となっています。
人は、平均的には60kgの体重を載せ、2本の脚で立って歩行し、一生に地球の周囲を4〜5回も歩き回ると言われています。そのためか、老化は、まず、足から始まるのです。

レオナルド・ダ・ヴィンチは、「足は人間工学上、最大の傑作であり、そしてまた最高の芸術作品である。」と述べています。

49　右腓骨遠位端線損傷
（ひこつえんいたんせんそんしょう）

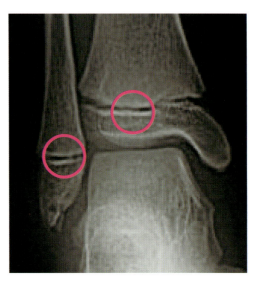

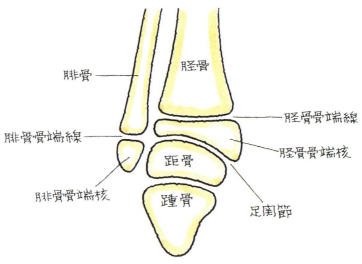

足関節の脛骨および腓骨の遠位端には成長軟骨層があり、骨端核を中心に成長していきます。
骨端線損傷は、骨の骨端線部分およびその周囲に起こる骨折のことです。
ここでは、遠位端線の損傷を解説します。

成長期ではどんどん骨組織が発達します。
下腿骨の脛骨と腓骨が、どんどん伸びていくのです。
この時期に足の捻挫などにより骨端線＝成長軟骨部分を損傷することがあります。
足関節を構成する脛骨および腓骨の遠位端には成長軟骨層があり、骨端核を中心に成長とともに成人の骨へと変化していくのですが、骨端部分が成人に近い状態にまで完成されても、脛骨と腓骨の成長が終了するまでは、骨幹と骨端の間に骨端線が残っています。

骨端線部分は完成された骨よりも当然に、強度が弱く、外力による影響を受けやすい部分であることから、強い外力の働いた捻挫や衝撃で骨端線損傷を起こしやすいのです。

損傷の程度が軽いものでは、レントゲン検査でも分かりにくく、捻挫と診断されるようなものから、骨端線からきれいに骨折している重傷例まで、いくつかの種類に分かれます。

問題なのは、骨端線骨折は、癒合を果たしたとしても、くっきり線が残っており、痛めやすく、骨折しやすくなることです。
そして、交通事故外傷では、癒合で完治と断定することはできません。
成長著しい幼児〜10代は、爆発的に骨組織が伸長するので、容易に癒合します。
しかし、その後、骨折しなかった方の足と比べ、転位や骨成長の左右差、軟骨の不具合による関節裂隙の左右差などが残存することがあります。
これが可動域制限や、疼痛などにつながれば後遺障害の対象となります。

現在も、複数をサポートしていますが、いずれも被害者は成長期であり、慎重な立証作業となります。

右腓骨遠位端線損傷における後遺障害のキモ？

1）骨端線損傷で重要なことは、骨端線の閉鎖と、変形治癒の可能性の診断です。
骨端線の閉鎖では、脛骨や腓骨のどちらか一方、もしくは両方の成長がストップすることで、例えば、脛骨の骨端線だけが閉鎖し、腓骨の骨端線が成長を続けると、成長に伴って足関節が内反変形を起こすことになります。
また、脛骨と腓骨の両方の骨端線が閉鎖したときは、足関節の変形は防げても、下腿の成長が止まるため、左右の脚長差、短縮障害を残します。
また、骨折片の転位や骨折線が関節軟骨におよぶと変形治癒を残します。

下肢の短縮障害	
等級	内容
8級5号	1下肢を5cm以上短縮したもの、
10級8号	1下肢を3cm以上短縮したもの、
13級8号	1下肢を1cm以上短縮したもの、

上肢に短縮障害はありません。

2）私の経験則では、骨端線が刺激を受け過成長した結果、健側に比して2cmも伸びた例があります。
3年間、経過観察を行い、症状固定として、「健側が短くなっているけど、等級認定してくれる？」として被害者請求を行いました。
結果が出るまでに6カ月を要しましたが、13級8号が認定されました。
「1下肢を1cm以上短縮したもの、」
これが13級8号の認定要件であり、骨折した方が、とは記載されていないのです。

3）先に外傷性内反足を解説した被害者、10歳の女子は、右腓骨遠位端部の開放性骨折と右腓骨遠位端線損傷が診断されています。
外傷性内反足の立証も行いますが、右腓骨遠位端線損傷に伴う短縮障害も立証することになります。

4）骨端線損傷のパターン

①正常なもの、

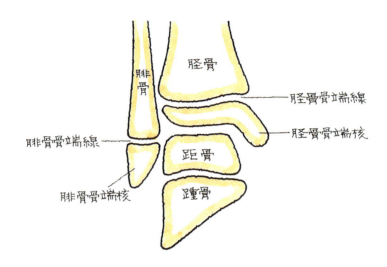

②脛骨の骨端線を横断するように骨端線が離開したもの、

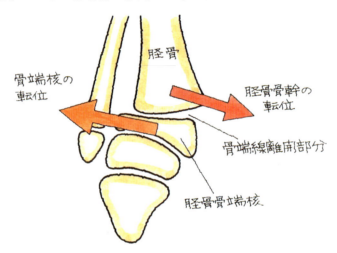

③高所より落下、足底方向から強い衝撃を受けたとき、成長板の圧迫骨折となったもの、

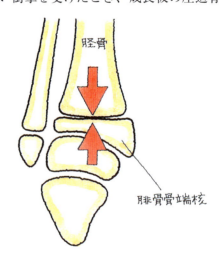

●足の障害

④脛骨に上方から外力が作用したとき、足関節の強い捻挫で脛骨骨端核が垂直や斜め骨折、

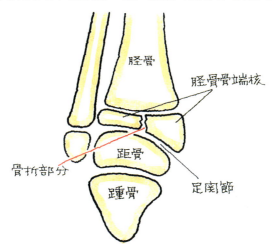

⑤脛骨骨端の斜骨折、腓骨の斜骨折

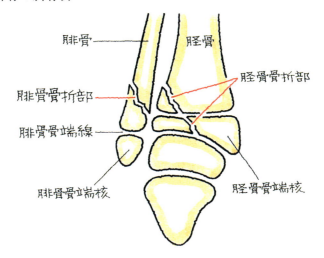

⑥脛骨骨端の内側を斜骨折、腓骨の骨端線で屈曲骨折したもの、

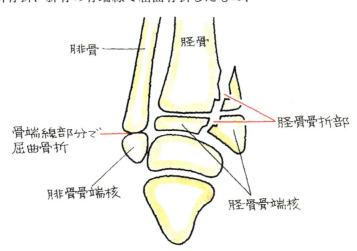

50 右足関節果部骨折(そくかんせつかぶこっせつ)

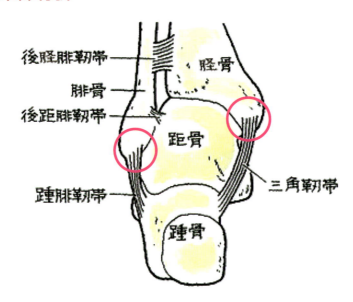

Q 「右足首を骨折、3カ月を経過したのですが、後遺障害は認められるでしょうか？」
こんな質問がメールで寄せられました。

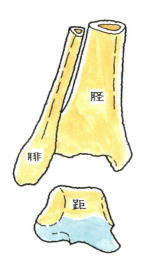

足関節は、足関節の上にある脛骨・腓骨の遠位端部をソケットに見立てれば、これに、はまり込んでいる距骨、脛骨・腓骨と靱帯でつながっている踵骨の4つの骨で形成されています。
足関節果部には、内側の梅干し＝内果と外側の梅干し＝外果があり、果部骨折では、内果骨折、外果骨折と両果骨折の3つがあります。

質問の右足首骨折だけでは、腓骨の外果部、脛骨の内果部、関節内骨折で距骨骨折、それとも踵部分の後果骨折なのか、それらの全部を骨折しているのかが分かりません。
したがって、診断書記載の傷病名のすべてを記載すること、固定術を受けているのであれば、オペの内容を知らせてほしいと返信しました。

数日後、右足関節外果骨折であり、脛骨と腓骨の離開はボルト固定されているとの回答がありました。

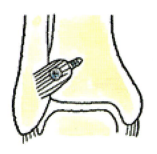
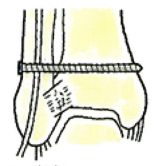

脛腓離開に対する修復

説明から、おそらく、上記のイラストのような骨折を予想しました。
直近の土曜日、交通事故無料相談会に、XP、CT、MRIのCDを持参で参加されることになりました。

面談時のXP、CT、MRIで右腓骨の骨幹部骨折が確認できました。
右腓骨は衝撃で中央部の骨幹部が横骨折し、その外力で腓骨遠位端部が脱臼骨折していたのです。

右腓骨の骨幹部はAOプレートで固定、脛骨と腓骨の離開はボルト固定、剥離した脛腓靭帯はアンカーボルトで固定されており、腓骨のAOプレートを除いてイラスト通りでした。

ポイントは、なんと言っても画像所見です。
XP、CT、MRIの画像をチェックすることで、間違いのない後遺障害等級に踏み込むことができます。

右足関節の可動域は、背屈が15°屈曲が35°であり、2分の1に近い制限が認められました。
3カ月の経過で10級11号＋5°の可動域ですから、6カ月の時点で症状固定とすれば、12級7号は確実と判断、そのことを伝えました。
持参された自動車保険証券を拝見したところ、幸いなことに、弁護士費用特約に加入されています。
弁護士の受任により、チーム110が、病院同行による後遺障害サポートを行うことを提案しました。
その後、サポートを依頼したいとの連絡があり、弁護士との委任契約も完了しました。

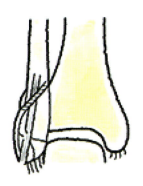
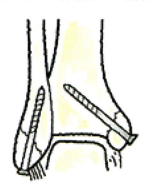

外果骨折に対する　　両果骨折に対する　　脛腓靭帯
ひきよせ緊結法　　　海綿螺子固定　　　の修復

先の相談は、腓骨遠位端部の脱臼を伴う外果骨折でしたが、内果と外果を骨折したもの、内果、外果、後果を骨折する重症例、コットン骨折も複数経験しています。

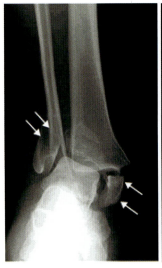
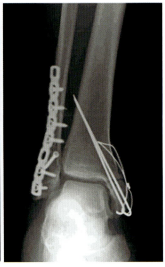

右足関節果部骨折における後遺障害のキモ？

1）損害保険料率算出機構調査事務所のアプローチ？
①足関節のどの部分に、どんな骨折をしているのか？
②その後の治療により、どのように骨癒合しているのか？
③足関節にどのレベルの可動域制限を残しているか？
④例外的に、足関節および足趾に神経麻痺があり、それが立証されているか？

専門家を名乗っていても、素人は、背屈10°底屈20°なら2分の1以下で10級11号か？
このように安易な判断を下しています。
ところが、10級11号が認定されれば、訴訟基準では3000万円を超える損害賠償額となります。
簡単に認定できませんから、審査では、いつでも3段論法で精査が行われており、可動域のチェックは最終判断項目となるのです。
つまり、どうして2分の1以下の可動域となったの？ それに至る理由が必要とされているのです。

2）これらの3段論法に対応するには？
①脛骨、腓骨、距骨、踵骨、どの骨が骨折しているのか？
②骨折の部位は、骨幹部それとも遠位端？ 遠位端であれば、外果、内果あるいは後果？
③骨折の形状は、亀裂、開放性、粉砕、剥離？ オペの内容は？ 現在の骨癒合状況は？
④周辺靭帯の損傷は？ 靭帯損傷がMRIで立証されているか？
⑤最後に、足関節にどのレベルの可動域制限が認められるか？
⑥単に、痛くて動かすことができない？ それなら、疼痛の原因は？
⑦関節烈隙（かんせつれつげき）の狭小化や関節部の軟骨損傷？ 変形性足関節症なのか？
⑧腓骨神経麻痺などで力が入らない？神経伝達速度検査、針筋電図検査で立証されているか？

これらの確認が必要となります。
どの骨、どの部位、どんな骨折、骨癒合状況、これらは、XP、CT、3DCTで確認できます。
靭帯損傷なら、MRIでチェックしなければなりません。

●足の障害

つまり、後遺障害をサポートするには、画像が読めなければならないのです。

腓骨神経は、下腿を走行する神経ですが、坐骨神経から腓骨神経と脛骨神経に分かれ、腓骨神経は、膝の外側を通り、腓骨の側面を下降して、足関節を通過、足趾に達しています。
この通り道を理解しておかなければ、腓骨神経麻痺を議論することはできないのです。

これらの緻密さで導き出された後遺障害等級では、狂いがありません。

51 足関節果部脱臼骨折、コットン骨折

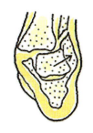
外転転位
（pottまたはDupuytren）

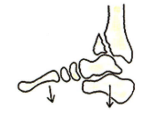
前方果骨折
強い背屈により脛骨関節面前方が剪断され距骨は前方亜脱臼位をとる

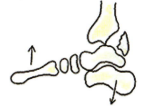
後方果骨折
強い底屈により脛骨関節面後方が剪断され距骨は後方亜脱臼位をとる

三果骨折（Cotton骨折）
内、外両果骨折に脛骨関節面の前縁または後縁の骨折を合併したもの

足関節は、脛骨と腓骨で形成されるソケットに、距骨がはまり込むことで構成、成立しています。
踵骨は、脛骨、腓骨と靭帯でつながっており、広義には、足関節は、脛骨、腓骨、距骨、踵骨の4つの骨で構成され、成立しているのです。

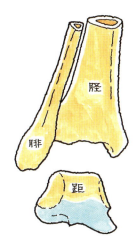

足関節内果とは、脛骨の遠位端部、内側の梅干し、外果とは、腓骨の遠位端部、外側の梅干しのことですが、これらの骨折に加えて、脛骨関節面の後縁、または前縁のいずれかの骨折を合併したものをコットン骨折＝三果部骨折と言い、足関節脱臼骨折の重症例です。

脛骨関節面前縁部骨折の合併では、足関節の背屈が強制されることにより、距骨が前方に脱臼し、脛骨

関節面後縁部骨折の合併では、足関節底屈が強制されることで、距骨が後方に脱臼します。
交通事故受傷によるコットン骨折では、足関節が大きく内・外転することにより、骨折以外にも足関節周囲の靭帯損傷を合併します。

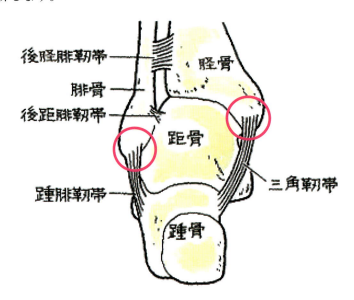

その結果、骨折の状態や転位の程度により異なりますが、足関節部に痛みや腫れ、皮下出血、外反変形や内反変形など病態はさまざまな組み合わせとなります。

診断は、足関節の腫れ、圧痛、変形、皮下出血をチェック、骨折は、XPで確定します。
粉砕骨折では、CT、特に3DCTやMRI撮影が必要です。

足関節の運動は、つま先を上げる背屈、つま先を下げる底屈、内側につま先を向ける内転、外側につま先を向ける外転、足を内側に捻る回内、足を外側に捻る回外の4運動です。
通常、自分の足の裏を見る場合、内転・回外・底屈の動きを一緒にさせる必要があります。
実際にトライして、動きを学習してください。
内転・回外・底屈の3つの動きを1つにしたときは内返し、逆に、外転・回内・背屈の3つの動きを1つにしたときは、外返しと呼んでいます。

内側・外側への衝撃により足首を骨折したときは、腓骨の下端と脛骨の下端が骨折し、三角靭帯や踵腓靭帯も断裂して、距骨が異常に内転・外転したりします。

骨折を放置すると偽関節になりやすく、多くはギプス固定が選択されています。
転位のないものは4～6週のギプス固定でOKですが、たとえ1mm程度の距骨の外側へのズレでも荷重面が変わり関節軟骨が磨耗するところから、麻酔下に整復固定を行い、ギプスをタイトに巻いて8～10週間の固定が実施されています。

転位の大きいものは、他の骨折と同じく観血的にプレートやキルシュナー鋼線等で固定します。
整復不能例は海綿骨ネジ、引き寄せ締結法、プレート固定の適用となります。
三果骨折、コットン骨折後の足関節の可動域の予後は不良です。
難治性疼痛症候群、CRPSカウザルギーを惹起しやすい部位でもあります。

コットン骨折における後遺障害のキモ？

1）交通事故では、バイクVS自動車の出合い頭衝突で、お互いにスピードを出している高エネルギー外傷により、バイクの運転者に発症することがほとんどです。

私の経験則では、ほとんどが、健側に比して患側の可動域が２分の１以下に制限される10級11号が認定されているのですが、直近では、足関節の変形癒合で拘縮、強直状態となり、用廃として８級７号、足関節部の挫滅骨折で、やむなく足関節の固定術がなされ、８級７号が認定されたものもあります。
また、空手の有段者で、術後、１年７カ月のリハビリ治療を続け、２分の１＋10°で、泣くに泣けない12級７号で示談解決した被害者もおられ、いつでもイロイロです。

2）オペ後は、足関節部に荷重がかからないようにPTB装具を装着して骨癒合を待ちます。

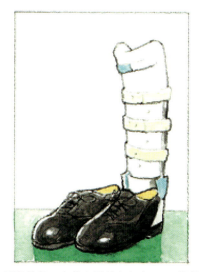

足関節部の免荷を目的としたPTB装具

ギプス固定期間は、通院実日数としてカウントされますが、PTB装具もギプス固定に該当します。
治療先の診断書には、下から２行目にギプス固定期間を記載する欄があります。
退院後、PTB装具で過ごしている期間は、ギプス固定期間となり、通院実日数にカウントされます。
保険屋さんからは、診断書のコピーを求め、正しく記載されているかをチェックしなければなりません。

3）コットン骨折では、
①完璧な整復
②強固な固定
③早期からの理学療法の開始
これらが、絶対に必要です。
これらの３点がおざなりにされると、
①腓骨短縮
②内果変形治癒
③距骨脱臼遺残
④靱帯機能不全
等々の後遺障害を残すことになります。

主治医はこの場合、どうして変形したかを説明することなく、変形治癒を宣告するのです。
変形は確認ができますが、それでも治癒は、どうしても理解することができません。
技術の伴わない医師の治療は、変形治癒ではなく、ヘタ打ち変形ではないでしょうか？

52　アキレス腱断裂

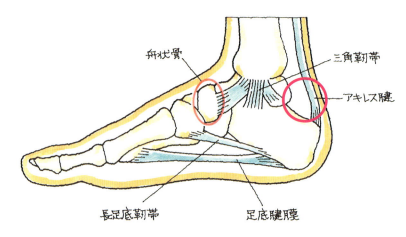

右アキレス腱断裂の主婦、57歳が、無料相談会に参加されました。
4カ月前、犬を連れて自宅近くを散歩中、後方から小学生の自転車に追突され、前方につんのめった。
「かかとを後ろから蹴っ飛ばされた？」
「倒れる瞬間、耳元でバチッという音が聞こえた？」
こんな印象ですが、右下腿に激痛が走り、立つことも、歩くこともできなくなり、その場でうずくまってしまい、救急車で整形外科に搬送され、右アキレス腱断裂と診断されたとのことです。
自転車には、個人賠償責任保険が付保されており、対人対応がなされています。

診察台で腹ばいになり、膝を屈曲した状態でふくらはぎをつかむと、通常、足は天井に向かって底屈するのですが、アキレス腱が断裂していると、足は元の位置のままでピクリともしません。
これを、トムセンテストが陽性と言うのですが、覚える必要はありません。
超音波やMRI検査であれば、断裂した腱を正しく把握することができます。

交通事故では、歩行中、突然、車が突っ込んできて、それを避けようとした際に、ヒラメ筋が急激に収縮すること、車の衝突を受けた際の、直接の外力によって、アキレス腱を断裂することがあります。

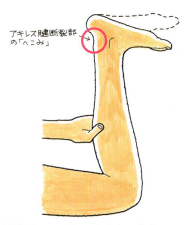

断裂直後は、下腿後面のかかとのすぐ上の部分に凹みが認められます。

治療は、保存とオペの2つですが、保存療法が中心になりつつあります。
従来の保存療法では、8週間のギプス固定を行い、その後にリハビリを始めるとされていました。
しかし、これでは、治療期間が長く、筋力低下や腱の癒着が生じ、再断裂の可能性が高まることが指摘され、現在では、2週間の保存療法で、リハビリを開始する早期運動療法が主流となっています。

相談の主婦は、山歩きが趣味であり、治療先の勧めもあって、オペを選択しました。
局所麻酔下で、皮膚を5cmほど切開し、直視下にアキレス腱を縫合するものです。
術後は、2週間のギプス固定、抜糸後は、硬性短下肢装具を使用して歩行が可能となりました。
術後2カ月半頃からリハビリが続けられています。
4カ月時点の症状は、断裂部の痛みと、足関節の運動制限ですが、他動値で、背屈15°底屈が35°ですから、ギリギリ4分の3以下です。
あと2カ月のリハビリで、4分の3以上に改善すると予想しています。

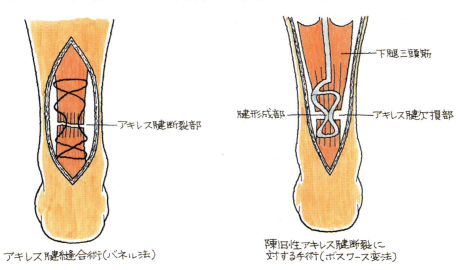

アキレス腱断裂における後遺障害のキモ？

1）これまでは、アキレス腱断裂の95％がオペによるアキレス腱の縫合であり、オペが一般的でした。
現在では、保存療法と早期リハビリで、オペと遜色のない治療効果を上げています。
それなら、なにも痛い目をしてオペを受けることもありません。
ただし、保存療法の泣きどころは、早期、受傷から5日以内の固定が必要なことです。
足を正しい角度で固定し、アキレス腱の再生を促す治療方法ですが、アキレス腱は、5日を経過すると腱の硬化が始まり、正しい角度で足を固定することが困難で、癒着する可能性が予想されるのです。

アキレス腱断裂では、保存療法で早期リハビリに対応している治療先を受診しなければなりません。
アキレス腱断裂からの保存療法を実施している代表的な病院は、杏林大学附属病院です。

名称　杏林大学医学部附属病院　整形外科
所在地　東京都三鷹市新川6-20-2
TEL　0422-47-5511
医師　スポーツ外来　林　光俊　医師

林光俊先生は、全日本男子バレーボールのチームのドクターで、アキレス腱保存療法の権威です。
第2、4火曜の午後のみ、初診では、紹介状、予約が必要です。
病院の受付時間は、平日8：45〜12：00まで、

2）若年者であれば、後遺障害を残すことなく治癒するのが一般的です。
高齢者では、アキレス腱部の痛みや足関節に運動制限を残すことが予想されます。
常識的には、14級9号が限界です。

53 アキレス腱滑液包炎（けんかつえきほうえん）

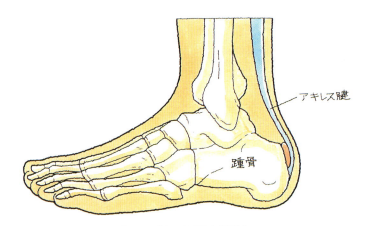

オレンジ色　正常な滑液包

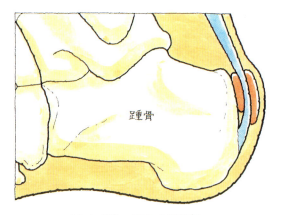

オレンジ色　腫れた滑液包

①滑液包は、アキレス腱とかかとの骨の間に1つのみ存在しているもので、この滑液包が炎症を起こすと腫れて痛み、アキレス腱前滑液包炎を発症します。

②アキレス腱に対する強い圧迫が続くと、アキレス腱と皮膚の間に防護的に滑液包が形成されることがあり、この滑液包も炎症すると腫れて痛み、アキレス腱後滑液包炎を発症します。

アキレス腱と皮膚、踵骨の間には、液体で満たされた袋状の、滑液包があり、クッション材として摩擦防止の役目を果たしていますが、この滑液包が炎症を起こすことがあります。

この症例は、若い女性に多く、ハイヒールなど、かかとの後ろを支える部分が硬い靴で歩いていると、かかと後方の軟部組織が繰り返し圧迫され、アキレス腱に過度の負荷がかかることにより炎症するものと考えられています。

交通事故では、かかと部に対する直接的な打撲で発症しています。
外傷では、直後から症状が出現するのですが、外傷でないときは、症状は徐々に進行していきます。

症状は、腫れで赤くなり、熱感、かかと後方の痛みです。
炎症している滑液包が大きくなると、かかとの皮下に赤いしこりが出現、痛みが生じます。
炎症が慢性化したときは、腫れは硬く、大きくなり、赤色は薄れてきます。

症状の確認と触診がなされ、XP検査を行って診断されています。
踵骨骨折の可能性を除外する必要から、XP検査が行われているのです。

治療は、かかとの後方にかかる圧迫をなくす必要から、靴の底にヒールパッドを入れます。

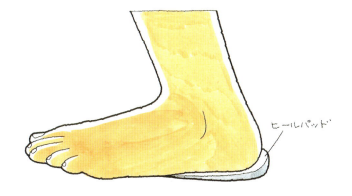

これにより、踵骨の角度を前方向に変え、かかとに対する圧迫を軽減します。
ハイヒールを原因としているときは、当面の使用が禁止されます。
これらの治療で効果が得られないときは、かかとの骨の一部をオペで切除することになります。

アキレス腱滑液包炎における後遺障害のキモ？

1）交通事故の衝撃力では、踵骨の骨折、アキレス腱断裂がほとんどで、滑液包炎は稀な症例です。
専門医が診断し、ヒールパッドを装用すれば、2カ月前後で治癒、後遺障害は考えられません。

2）ところが、32歳女性は、かかとの疼痛で靴が履けないとして、冬なのに、クロックスで無料相談会に参加されました。診断書の傷病名は、左足捻挫、左かかとの打撲と硬結となっています。
受傷から1年の経過で、左かかと部は、やや黒く腫れており、触ると硬くて、タコのようです。
軽く押さえると、激痛を訴えます。
もはや、専門医は後回しとして、左足捻挫、左かかとの打撲と硬結で後遺障害診断を受けました。
XP、CTでも足関節周辺に外傷性所見はなく、可動域の制限もありません。
念のために、MRI検査を受けたのですが、踵骨には、骨折も骨挫傷も認められず、焦点は、左かかとの打撲と硬結に絞られました。

患部の写真を添付して被害者請求を行ったのです。
予想は14級9号で御の字だったのですが、ラッキー、12級13号が認定されました。
本件は、そもそも傷病名に疑いが残ります。
訴訟ではなく、弁護士が紛センに示談斡旋を求め、チャッチャッと解決したのです。

3）打撲とは、外力により、皮下組織、皮下脂肪や筋肉などの組織の出血や浮腫を伴うことです。
大きな外力では、痛みも強く、数日後には皮下出血となり皮膚の色が変わってきます。
ときには、皮下出血が瘢痕を形成し、皮膚が固くなることがあります。
これを外傷後の硬結と呼ぶのですが、痛みを伴うことはなく、時間の経過で硬結は消失するのです。

治療の方法も、悪化することもなく、広範囲に使える便利な傷病名として硬結は存在しているのです。
したがって、本来であれば、硬結は後遺障害の対象とはなり得ません。

4）解決後に、専門医を紹介、受診しました。
専門医は、硬結ではなく、慢性滑液包炎と診断しました。
複数回、副腎皮質ステロイドを滑液包内に注射し、疼痛を緩和させ、同時に、スニーカーにヒールパッドのインソールを装着、かかと部を圧迫しない状態で靴を履いて歩くリハビリが開始されました。
そして、受診から5カ月でビジネスシューズが履けるまでに改善を果たしました。

あの12級13号は？　これは言わないことにしました。

54　足関節不安定症

いわゆる捻挫癖で、なんども捻挫を繰り返し、痛みが持続する障害を足関節不安定症と言います。
内返し捻挫で損傷した、外踝下にある外側靭帯、前距腓靭帯と踵腓靭帯が、十分修復されていないことを原因として、足関節不安定症が出現するのですが、さらに放置しておくと、足関節の軟骨も損傷し、変形性足関節症に増悪、日常歩行に、深刻なダメージを与えます。

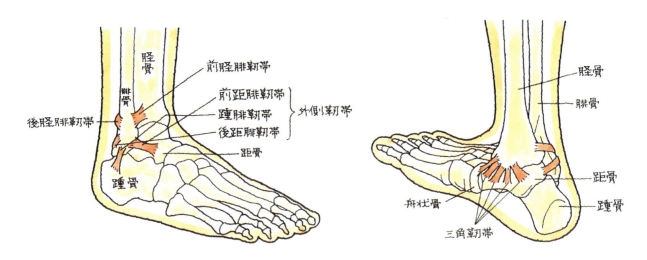

足首を強固に締結する主要な靭帯は、前距腓靭帯、踵腓靭帯、後距腓靭帯、脛腓靭帯の4つです。

グレード	靱帯の損傷	症状
1	前距腓靱帯の伸び 踵腓靱帯の伸び	靱帯が引き延ばされたか、わずかに損傷した状態で、腫れや痛みが、それほど強くないもの、
2	前距腓靱帯の部分断裂 踵腓靱帯の伸び	靱帯に中程度の損傷があり、痛みのために体重をかけて歩くことは困難な状態、
3	前距腓靱帯の完全断裂 踵腓靱帯の完全断裂 後距腓靱帯の部分断裂	靱帯が完全に断裂、足関節に緩みを生じる。 強い腫れと痛みで1日～2日後には、かかとの周辺が内出血で変色する。

治療は、装具による足首の筋力強化リハビリが中心です。
改善しないとき、アスリートでは、靱帯の縫縮術や靱帯再建術が行われています。
また幼少期の捻挫では、靱帯の断裂ではなく、靱帯の付着部が剥離骨折するのが一般的です。

これが、骨の欠片として残り、スポーツ年齢になって痛みや捻挫ぐせを起こすこともあります。
治療は、上に同じです。

足関節不安定症における後遺障害のキモ？

1）足関節不安定症は、内返し捻挫、足根骨の脱臼・骨折に伴う、外傷性の二次性疾患です。
本来の捻挫とは、靱帯、半月板、関節包、腱などの軟部組織の部分的な損傷を言います。
現在でも、XPで骨折や脱臼が認められなければ、単なる捻挫の扱いで、治療が軽視されています。

確かに、数週間の安静、固定で治癒するものが多数ではあるのですが、不十分な固定、その後の不適切なリハビリにより、部分的な損傷が完全な断裂に発展することや、本当は、完全に断裂していて、手術以外の治療では、改善が得られない見落としも、少なからず発生しています。
いずれも、初期に適切な治療が実施されなかったことを理由として、不安定性を残し、捻挫を繰り返すことになり、軟骨をも損傷し、疼痛と歩行障害の変形性足関節症に行き着くのです。

2）足首がジクジク痛み、歩行時、階段の上がり下がりで足首がぐらつくなどの症状があるときは、受傷から2カ月以内に、専門医を受診しなければなりません。

「時計屋はちゃんと修理してお金を取るが、医師は修理できなくてもお金を取る？」
マーフィーの法則ですが、交通事故では、大きな衝撃が働き、不可逆的な損傷をきたすこともあります。
となれば、修理できないのは不可抗力であって、時計屋さんと同一視はできないことになります。

医師の治療に文句をたれる暇があったら、良い医師を積極的に探せばいいだけのことです。

55　足関節に伴う靱帯損傷のまとめ

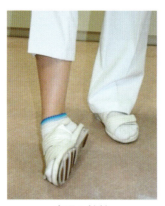
内返し捻挫

無料相談会では、内返しと、外返し捻挫を混同している被害者が、たくさんおられます。
内返しとは、土踏まずが上を向き、足の裏が、内側に向く捻挫と覚えてください。

試してみると、すぐに分かりますが、足裏は、外には向きにくい構造となっており、大多数は内返しに捻るので、外側靱帯を損傷することが多いのです。
もちろん、急激、偶然かつ外来の交通事故では、外返し捻挫も、発生しています。

足首は、下腿骨の脛骨と腓骨で形成されるソケットに、距骨がはまり込む構造となっています。
最初に説明する足首の靱帯は、外側靱帯（がいそくじんたい）です。
前距腓靱帯（ぜんきょひじんたい）、踵腓靱帯（しょうひじんたい）、後距腓靱帯（こうきょひじんたい）の3つをまとめて外側靱帯と呼んでおり、外くるぶしの下側に付着しています。
前距腓靱帯は、距骨が前に滑ることを、踵腓靱帯は、距骨が内側に傾斜することを防止しています。
足首の捻挫で、損傷頻度が高いのは、前距腓靱帯です。
その次は、踵腓靱帯ですが、後距腓靱帯損傷は、滅多に発生しません。

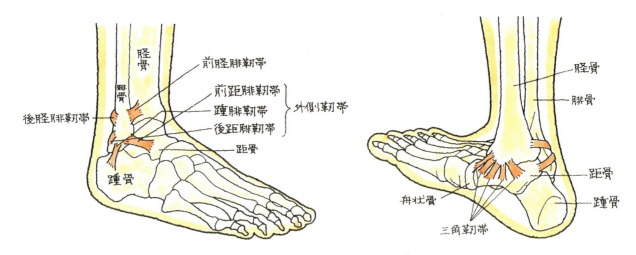

足首を支える靱帯は外側に、今説明した3本、内側には扇状の大きな靱帯が1本あります。
内側の靱帯は、三角靱帯と呼びますが、幅も広く、足の動きの特徴上、不安定性が問題とされることもなく、オペが必要とされることは、ほとんどありません。
他に、脛骨と腓骨をつなぐ脛腓靱帯があります。

（1）前距腓靱帯断裂

内返し捻挫では、腓骨と距骨をつなぐ前距腓靱帯が過度に引っ張られて最初に損傷します。
捻りの程度が強いときは、足首外側の踵腓靱帯も損傷することになります。

足の捻りによっては、足首の内側靱帯や甲部分の靱帯を損傷することがあります。
内返し捻挫であっても、靱帯損傷にとどまらず、骨折することがあり、子どもでは、断裂ではなく、剥離骨折＝靱帯の付着する骨表面が剥がれることが多く、たかが捻挫と侮ることはできません。

診断では、損傷部位を押し込むことにより、痛み、圧痛の再現を確認します。
骨折のあるなしは、XP撮影でチェック、靱帯の断裂による関節の動揺性、不安定性は、ストレスXP撮影を行います。靱帯の損傷、骨内部や軟骨損傷を確認する必要から、MRI検査を行います。

※ストレスXP検査　足首を捻る、引っ張るなど、ストレスをかけた状態でXP撮影を行うものです。

グレード	外側靱帯の損傷	症状
Ⅰ	前距腓靱帯の伸び 踵腓靱帯の伸び	靱帯が引き延ばされたか、わずかに損傷した状態で、腫れや痛みが、それほど強くないもの、
Ⅱ	前距腓靱帯の部分断裂 踵腓靱帯の伸び	靱帯に中程度の損傷があり、痛みのために体重をかけて歩くことは困難な状態、
Ⅲ	前距腓靱帯の完全断裂 踵腓靱帯の完全断裂 後距腓靱帯の部分断裂	靱帯が完全に断裂、足関節に緩みを生じる。 強い腫れと痛みで1日～2日後には、かかとの周辺が内出血で変色する。

引き延ばされた？　部分断裂した？　完全断裂した？　損傷レベルは3段階で捉えられます。
問題とされるのは、グレードⅢ、靱帯の完全断裂に対する治療となります。
完全断裂では、外くるぶしが腫れ、血腫になり、痛みにより歩くことはできません。

しかしながら、外側靱帯損傷では、早期に適切な治療を行えば手術が必要になることは稀です。
つまり治療の基本は保存療法になります。
保存療法では、固定療法と早期運動療法の2つがあります。
固定療法は数週間のギプス固定を主体とした、従来からの治療方法です。

主流となっている早期運動療法では、まず、1～2週間について、足関節をギプス固定とします。
初期固定を完了すると、ギプスをカットし、リハビリ歩行を開始します。
足首外側に負担のかかる、捻り動作を防御する必要から、サポーターを装着、保護します。
この状態で、3カ月前後のリハビリを継続すれば、後遺障害を残すことなく治癒するのです。

また、足首周辺の筋力とともに、固有知覚も十分に回復させることが再発予防のためには重要です。
長期間のギプス固定は、固有知覚を弱めることが報告されており、それもあって、早期運動療法が推進されているのです。

※固有知覚　関節の位置を認識する感覚、今、関節がどの位曲がっているか？　どっちの方向に力がかかっているか？　これらを判断するための感覚です。

（2）脛腓靭帯損傷（けいひじんたいそんしょう）

前距腓靭帯よりも、上側に位置し、前方を前脛腓靭帯（ぜんけいひじんたい）、後方は、後脛腓靭帯（こうけいひじんたい）と呼び、脛骨と腓骨の下部を締結しています。

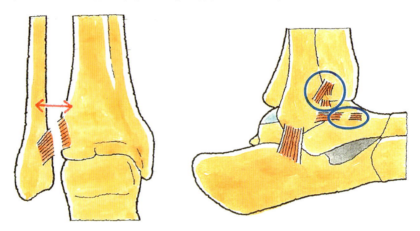

脛骨と腓骨は距骨を内外側から挟み込むソケットであり、脛腓靭帯により、脛腓間をしっかり連結しています。脛腓靭帯損傷で、脛腓間の連結が緩むと、距骨の円滑な運動が損なわれて、距骨軟骨面である滑車が、脛骨や腓骨の関節面と衝突、関節軟骨の骨折や変形を生ずる原因となるのです。

転落で着地するときに、足首を捻ると、その衝撃で距骨が脛骨と腓骨の間に潜り込み、脛骨と腓骨間が拡がり、この２つの骨を締結している前脛腓靭帯が損傷するのです。

症状は、足首前方の痛みと腫れですが、引き延ばされた、あるいは部分断裂では、大きな腫れや、強い痛みはありません。
しかし、前脛腓靭帯と前距腓靭帯の２つが断裂したときは、痛みが強く、歩けなくなります。

前脛腓靭帯は、他の靭帯よりやや上にあり、触診でこの部分に圧痛があれば、この靭帯の損傷が疑われ、治療は、引き延ばされたものや部分断裂であれば、包帯やテーピングなどでしっかりと固定し、靭帯がくっつくのを待つことになります。
重症のグレードⅢでは、腫脹をとるためにスポンジ圧迫のテーピングを５日前後行い、以後は、原則としてギプス包帯固定が行われています。
固定をしっかり行わないと靭帯が緩んだまま癒着し、関節が不安定になります。
このグレードであれば、４週間前後で痛みはなくなり、６週目からは運動を再開することができます。

しかし、前距腓靭帯だけではなく、前脛腓靭帯も断裂しているときは、難治性であり、オペが選択されることが一般的です。
足首の底・背屈運動では、脛腓靭帯結合部は、1.5mm離開し、前脛腓靭帯にストレスがかかります。
ギプス包帯で固定しても、くっつくのに相当の時間がかかり、早期運動療法には馴染まないのです。

そこで、靭帯再建術が選択され、時間をかけて注意深くリハビリが行われています。

足関節の靭帯損傷における後遺障害のキモ？

1）歩行中や自転車、バイクの運転中の交通事故で、右足首を捻挫しました。
治療先では、どんな姿勢で捻挫したのか？　聴き取りがなされ、その後、痛みのある部位を触診して、
どの靭帯が、どの程度損傷しているのか？　腫れも参考にしながら、丁寧にチェックされます。
最後に、XP撮影で、骨折の有無が検証され、骨折がなければ、なんとなく、ホッとします。
でも、これで診察が終わるのではありません。
次に、靭帯損傷のレベルをエコー検査で確認することになります。
グレードⅡ、Ⅲであれば、ギプス固定＋早期運動療法が診断され、治療方針の説明がなされます。
ギプス包帯で固定し、松葉杖の貸し出しで初診は終了します。
グレードⅢで、腫れが強いときは、入院となり、MRI検査が指示されます。
患部に対しては、RICEの処置がなされます。

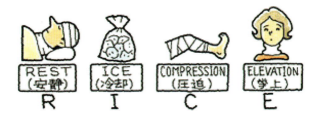

MRI検査の結果で、ギプス固定＋早期運動療法、あるいは靭帯再建術が選択されるのです。

これが、あるべき整形外科の診察室風景ですが、現実は、もっと、サバサバしたものです。
丁寧な、聴き取り、触診、エコー検査は行われません。
念のため、XP撮影のみが指示され、骨折が認められないときは、

「足首の捻挫ですから、しばらく様子を見ましょう？」
「湿布を出しておきますので、当面は、安静にしてください？」
「今日、歩いて帰れますか？　歩けないなら、松葉杖を貸し出しましょうか？」

経験則では、これが一般的な診察のパターンなのです。
そして、ここから、後遺障害が、うごめき出すのです。

2）足首の捻挫では、重度になると靭帯の断裂を伴います。
この治療が放置され、靭帯の機能が不十分になると、関節の安定性が損なわれます。
これを関節不安定症と言い、「54　足関節不安定症」で、詳細を説明しています。

靭帯はすでに緩んでいるか、断裂しており、この段階から保存的治療でギプス固定としても、あるいは
オペで、靭帯を縫合、修復術を行っても、機能しないことがほとんどです。

そこで、足首の腱などを編み込み、移植して靭帯を作り直す術式、靭帯再建術が選択されています。

このオペでは、80％以上で、足首の安定性が確保できると報告されていますが、それであっても20％では、好結果が得られておらず、さらに、再建術では、3カ月以上の入院も必要となります。
外傷では、総じて同じですが、特に足首の捻挫では、初期治療が重要とされています。

3）さて、後遺障害の立証です。
靱帯再建術で改善が期待されるとしても、必ず成功するとは限らないのです。
そして、受傷から6カ月以上を経過しての再建術となれば、保険屋さんは、治療費の負担に否定的であり、さらに、ここから4カ月以上の休業となれば、勤務先からの解雇も予想されます。
これだけの要件が揃えば、オペは後回しとして、症状固定で後遺障害を優先させることになります。

靱帯損傷は、MRIで、それによる不安定性は、ストレスXP撮影で立証します。
足首の機能障害は、背屈、底屈の可動域制限が対象ですが、靱帯断裂では、等級の認定要件に達する運動制限を残すことは少ないのです。
となると、痛みの神経症状で12級13号をめざすことになりますが、それでも、ストレスXP撮影で不安定性を立証し、足関節の動揺性＝機能障害としての認定、12級7号の認定をあきらめてはなりません。
なぜ？　神経症状であれば、労働能力喪失期間は裁判でも、15年前後です。
ところが機能障害であれば、67歳のフル期間を請求することができるからです。

4）等級認定で損害賠償を実現してから、オペを検討することになります。
長期の有給休暇が許されるときは、夏休み等を利用して入院、オペを受けることになります。
このオペを得意としておられる専門医は、チーム110でご紹介しています。

オペを受けないときは、リハビリで関節周囲を強化、テーピング、サポーターの装着で対処しています。

56　足関節離断性骨軟骨炎

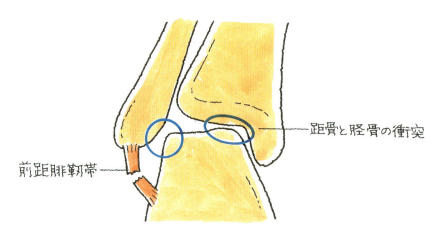

外側の前距腓靱帯が断裂し、距骨と脛骨が衝突しています。

足関節離断性骨軟骨炎は、足首の捻挫に伴う二次的な損傷ですから、受傷直後は、足首に痛みを感じることはなく、違和感を自覚する程度です。
そして、この症例は、骨端線が閉鎖する以前の小・中学生に多く見られるのが特徴です。

「64　足根骨の骨折　距骨骨軟骨損傷」でも説明していますが、足首の内返し捻挫で、距骨と脛骨が衝突すると、その衝撃で、前距腓靭帯は部分断裂を起こします。
適切な治療が行われず、靭帯損傷が放置されても、安静にしていれば、腫れや痛みは引いてくるのですが、足関節には不安定性が残り、歩行や運動で、捻挫を繰り返すことになります。
内返し捻挫の回数を重ねるうちに、脛骨の衝突を受けた距骨軟骨が傷つき、さらに症状が進行すると、距骨軟骨下の骨が壊死を起こし、軟骨が剥がれてしまいます。
剥がれた軟骨は、関節遊離体となって関節の中を動き回り、激痛、関節水腫を発症、また、関節の間に挟まって、ロッキングを起こすこともあります。

※関節遊離体は、米粒状の大きさですが、joint mouse関節ねずみと呼ばれています。

診断は、X線断層撮影やMRI、CT、骨シンチグラフィーなどで詳しい情報が得られます。
治療は、年齢と進行の程度によって異なり、10歳前後の骨の成長期で、骨軟骨片が動いてないレベルでは、手術は行わず松葉杖を使って負荷をかけない、免荷療法を3カ月以上の長期間、行います。

オペでは、内視鏡で剥がれそうになっている軟骨片を吸収性のピンで固定する骨接合術や、侵襲の少ない関節鏡を使用してドリリング術も行われています。

※ドリリング　穴を開け、血流による自然修復を期待する治療法です。

軟骨損傷が進行すれば、骨釘移植などの手術で骨軟骨片を固定します。

軟骨が離断して長期間が経過しているときは、骨軟骨片の固定は困難です。
内視鏡による軟骨片摘出術が行われ、骨軟骨移植、骨釘移植などにより、剥がれた部分に軟骨が移植されています。
軟骨移植では、定着するまでのほぼ6カ月間、スポーツ復帰を待たなくてはなりません。
近年、専門医では、骨軟骨移植が行われるようになり、手術成績も向上しています。

足関節離断性骨軟骨炎における後遺障害のキモ？

1）いずれにしても、二次的損傷ですから、受傷から6カ月以上を経過しての相談が多いのです。
悩むのは、2つのポイントです。

①医療過誤問題を、どう説得して落ち着かせるか？
足関節離断性骨軟骨炎は、主治医が適切な治療を行わず、放置したことを原因とするものです。
相談を受けたときには、主治医との人間関係が壊れていることが多いのです。
ヤブ医者呼ばわりで、「訴えてやる！」こんな段階に到達しているものも、現に経験しています。

医療過誤訴訟、そんなことをすれば、保険屋さんは支払い責任を免れますから、大喜びです？
仮に、訴訟におよんだとして、あなたの味方になって、法廷で証言してくれる医師はいるのですか？
裁判所が不可抗力と判断した部分は、減額されることを承知していますか？

このような説得を繰り返して、医療過誤問題を鎮静化させています。

②いつ、症状固定として後遺障害を申請するか？
保存療法で改善が期待できるときは、現時点で症状固定を決断、軽度の変形性足関節症で12級7号をめざすことになります。
オペが予定されているときは、改善が得られ、等級が薄まることも予測されるのですが、オペ後の症状固定を選択しています。

２）後遺障害の対象は、足関節の可動域制限、疼痛と足関節の不安定症です。
いずれも、MRI、CT、骨シンチグラフィー検査で、関節変形や軟骨損傷のレベルを立証しています。
足関節の不安定症は、ストレスXP撮影で立証しています。
疼痛の神経症状では、12級13号を、関節の可動域制限、不安定症では、12級7号をめざします。

57　右腓骨筋腱周囲炎
（みぎひこつきんけんしゅういえん）

2015年5月3日8、広島の黒田博樹投手が、出場選手登録を抹消されました。
チームドクターの診察では、右腓骨筋腱周囲炎と発表されています。
開幕から、慢性的な痛みがあり、アイシング治療を続けてきたが、改善していないとのことです。

腓骨筋腱炎（ひこつきんけんえん）

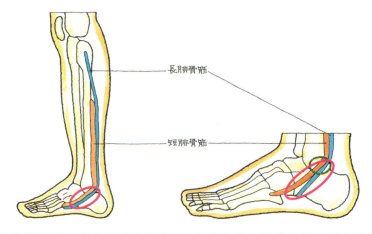

上図は、オレンジ色が短腓骨筋、青色が長腓骨筋で、どちらも、足首を外へ返す働きをしています。

○印は、腱鞘の中を、長・短腓骨筋腱が並んで走行しています。
腓骨の下部骨端に付着した腓骨筋腱は膝の外側の下から足首の外くるぶしの後を通り、足の甲に付いていて、足を外返しするときに使用する筋肉で、下半分は腱で構成されています。

そうです、右腓骨筋腱炎は、下腿に発症する腱鞘炎なのです。
黒田博樹投手は右投げですから、右が軸足となります。
右足を強く踏ん張る動作の繰り返しで、炎症を起こしたものではないかと予想されるのです。

メジャーに比較して、日本球界のマウンドは、やわらかい？
マウンドの斜面では、日本球界の角度は、急である？
マスコミでは、こんな指摘がなされていますが、右足への負担がどうだったのか、今のところ不明です。

私は、勝っても負けても阪神タイガース、虎キチですが、ミーハーですから、20億円を蹴飛ばして広島に戻った黒田博樹投手の男気には、喝采をおくっています。
1日も早く回復され、男気ピッチングを続けてほしい、阪神から広島の4番に戻った新井貴浩は、黒田をサポートするホームランを量産してほしいと願っています。

58　変形性足関節症（へんけいせいそくかんせつしょう）

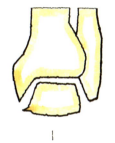   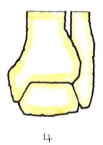

①骨端部が、棘状（とげじょう）に突出、
②軟骨がすり減り、関節のすきまが一部で狭くなる、
③関節のすきまが、一部で消失する、
④関節のすきまが、全体に消失する、

変形性足関節症では、足関節の軟骨が磨耗することにより、腫れや痛みを発症します。
関節の腫れや内反変形などの視診、触診による痛みの部位、足関節の動き、触った際の骨の変形具合などをチェックし、XP検査で診断を確定させます。
XPは立位で撮影、足関節の裂隙の状態を調べ、変形性足関節症かどうかの診断としています。

ここでは、交通事故外傷で軟骨を損傷した後に起こるものを説明します。

①初期、足が軽く内側に傾いている程度あれば、足底挿板、外側に傾斜をつけた靴の中敷を作り、これを歩くときに使用します。

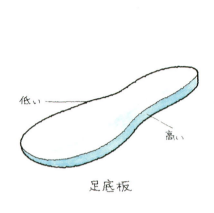
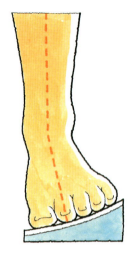

足底板

体重が内側にかかるのを避け、外側にも分散させることで痛みがずいぶんとやわらぎます。
足の外側、腓骨の後ろの筋力トレーニングを並行して行うとさらに効果的です。
また、関節軟骨の保護のためにヒアルロン酸の関節内注射もよく行われています。
効果が得られないときは、内反変形の矯正のために外側靱帯の再建術を行うこともあります。

②③変形が進行、軟骨の損傷が激しくなると保存療法によって痛みを緩和することができません。
そのときは、脛骨の骨切りを行って傾きを矯正する下位脛骨骨切り術が選択されます。
つまり、より軟骨の磨耗の少ない部分に体重を分散させる手術方法です。
脛骨の足首に近い部分で骨の向きを変えて、より軟骨が残っている部分に体重がかかる軸を移動させるものです。
これによって、軟骨が消失して狭くなった関節が開き、軟骨組織が再生することを促します。

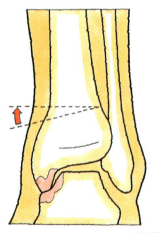
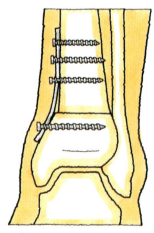

下位脛骨骨切り術

④軟骨の磨耗が足関節全体に拡大しているときには、足関節固定術もしくは人工足関節置換術が適用されています。
足関節固定術では、足関節の傷んだ組織を切除、脛骨と直下の距骨をスクリューで固定します。
固定術は若年層や働き盛りの方が主な適用となります。
固定すると、足首が全く動かないイメージですが、足関節が固定されても、それ以外の足部の関節が動くようになるため、足首が完全に固定されることはありません。
人工足関節置換術では、軟骨を削り人工の関節を挿入します。

●足の障害

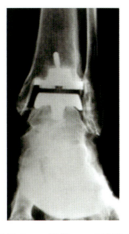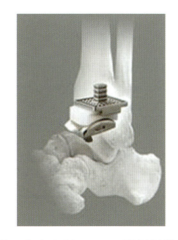

置換術により、痛みが軽快し、足首の可動域も確保できますが、1つ、耐用年数という壁があります。
2つは、傾斜変形が強いときは、バランスの問題が生じることから適用になりません。
この手術ができる人は、限られています。
それぞれ長所と短所があり、軟骨損傷や傾きのレベル、年齢や活動性が考慮され、手術方法が選択されています。

変形性足関節症における後遺障害のキモ？

1) 変形性足関節症は、変形に伴う痛みと、足関節の可動域制限が後遺障害の対象となります。

①レベルⅠは、常識的には、痛みで14級9号となります。

②レベルⅡ、Ⅲでは、多くが、足関節の可動域制限で12級7号となっています。
ただし、下位脛骨骨切り術が成功したときは、痛みで14級9号、もしくは非該当になります。

③レベルⅣで足関節固定術がなされたときは、足関節の用廃で8級7号となります。
人工足関節置換術では、10級11号が認定されますが、人工足関節置換術は、少数例です。

2) 立証は、XPとCT3D撮影で行い、軟骨損傷が大きいときは、MRIも有効です。

①レベルⅠ、Ⅱでは、健側、患側の足関節XP正面像を提出、左右の比較で変形を立証しています。

②レベルⅢ、下位脛骨骨切り術が実施されても、イラストにあるような完璧な修復は期待できません。
修復が不十分で、変形を残しているときは、それを見逃してはなりません。
XP、CTで立証して、12級7号を狙うのですが、症状固定時期の選択も間違ってはなりません。

③レベルⅣでは、大多数に足関節固定術が選択されています。
XPで固定術が実施されたことを立証すれば、8級7号が認定されます。

3) 重要なポイントですが、症状固定後、数年を経過して、変形性足関節症が進行し、結果として、足関節固定術に至ることが、かなりの確率で予想されるのです。

その可能性が予想されるときは、

①後遺障害診断書の、障害内容の増悪・緩解の見通し欄に、「将来、変形性足関節症が進行する可能性が予見される。」と、医師の記載を受けておかなければなりません。

②示談書には、「本件事故に起因する足関節変形症を発症したる際は、甲乙間で別途協議する。」
この文言を追加記載しておく必要があります。

③さて、無料相談会に参加された被害者、49歳男性です。
右足関節捻挫で6カ月間の通院、軽度な足関節の変形で14級9号が認定されました。
しかし、示談から5年6カ月を経過して変形性足関節症が進行し、足関節固定術が選択されました。

通常はオペ後に、再び、症状固定として、自賠責保険に対して後遺障害の被害者請求を行います。
足関節の固定術ですから、足関節の用廃で8級7号が認定されます。
今回の損害賠償は、8級7号－14級9号で請求することになります。
5年6カ月前の示談書と後遺障害診断書のコピーを提示すれば、因果関係で揉めることもありません。
しかし、足関節固定術で入院2カ月、その後のリハビリで3カ月会社を休んでいますが、休業損害の支払いはなく、それどころか、治療費、入院雑費、通院交通費も自己負担となります。

通勤途上や業務中の交通事故であれば、労災保険にも請求することができます。
足関節固定術の実施が決定したところで、労働基準監督署に対して再発申請を提出します。
これで、治療費と休業損害の80％が労災保険から支払われるのです。
術後に後遺障害を申請すれば、8級が認定され、障害補償一時金と特別一時金が、自賠責保険との支給調整がなされますが、支払われます。

しかし、この被害者には、労災保険の適用ができなかったのです。
どうして？　6年前の交通事故について、労災保険に申請をしていなかったからです。
症状固定日の翌日から5年を経過すると、労災保険に対する請求権が時効消滅するのです。
弁護士が活躍し、損害賠償は訴訟基準で獲得できましたが、悔いの残る結果でした。

変形性股関節症、変形性膝関節症、変形性足関節症では、示談から数年の経過で再発し、オペが必要になることがあります。
通勤・業務災害では、事故受傷の時点から、シッカリと申請しておかなければなりません。

●足の障害

59　足の構造と仕組み

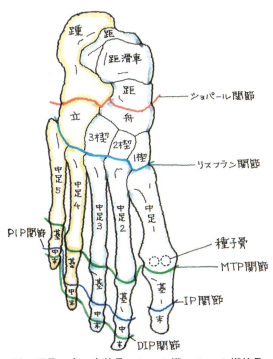

踵＝踵骨、距＝距骨、舟＝舟状骨、1～3楔＝1～3楔状骨、立＝立方骨、
中足1～5＝中足骨1～5、基＝基節骨、中＝中節骨、末＝末節骨、
種子骨は母趾中足骨の先端の足底面に配置されています。

足部は、リスフラン関節とショパール関節によって、前足、中足、後足部に分類されています。
前足部は、末節・中節・基節骨と中足骨、中足部は3つの楔状骨、舟状骨、立方骨で、後足部は、腓骨と踵骨で構成されています。

足関節は、かかとの上にある骨、距骨、すねの脛骨、脛骨の外側に並行する腓骨、これらの3つの骨で構成されており、主に、つま先を上下に向ける動きにかかわっています。

関節表面は軟骨と呼ばれる弾力のある組織で覆われ、足関節周囲は、多くの関節や強靭な靭帯に囲まれていて、衝撃に強い仕組みとなっています。

次に、アーチの機能です。
足部のアーチは、縦と横の2種類で、アーチは、骨の配列と靭帯、そして足底腱膜で保持しています。

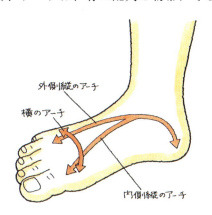

起立したときに、接地しない足底の部分を土踏まずと呼びますが、足底部分は、全面が床に接地しているのではなく、中足部を頂点として縦に2つと、横に1つの弓状に張ったアーチを形成しています。
余談ですが、人は、生まれたときは扁平足ですが、3～4歳頃からアーチが出現するのです。

足のアーチには、以下の3つの機能があります。
①足を蹴りだす力、バネの機能、
②衝撃の吸収するクッションの機能、
③足底の筋肉や神経を保護する機能、

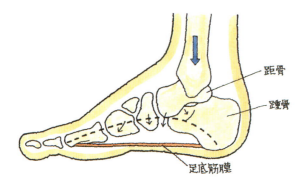

雑学ですが、足の爪は、指先の表皮が角化したもので、指の末端を保護しています。
爪は毎日成長し、手指では1日に0.1mm、足では、手指の半分程度、0.05mm伸びています。

60　足根骨の骨折　外傷性内反足(がいしょうせいないはんそく)

足の裏が内側を向き、外側部だけが地についている状態を内反足と言います。
先天性のものが圧倒的ですが、交通事故外傷でも発症しています。
外傷性内反足に遭遇したときの、被害者10歳、女子の傷病名です。
短腓骨筋腱完全断裂、長腓骨筋腱部分断裂、距骨外反、前足・中足部内反、右腓骨遠位端骨折、右腓骨遠位端線損傷、

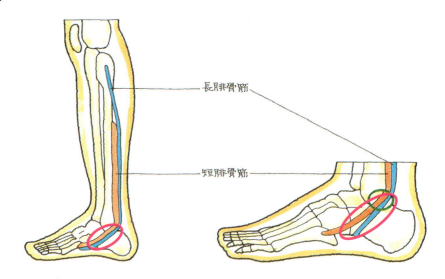

足関節の捻挫に伴って発症するものに、短腓骨筋腱縦断裂があります。
足の捻挫のあと、いつまでたっても外踝（そとくるぶし）の後部に疼痛があるときは、短腓骨筋腱断裂が疑われるのです。

●足の障害

上図は、オレンジ色が短腓骨筋、青色が長腓骨筋で、どちらも、足首を外へ返す働きをしています。
○印は、外くるぶしの後部ですが、そこでは、長・短腓骨筋腱が並んで走行しています。
足首を内側に捻挫したとき、短腓骨筋腱は、長腓骨筋腱と外踝の骨である、腓骨の間に挟まり、ストレスがかかり、縦に断裂することがあります。
また、短腓骨筋腱が外踝の後ろで亜脱臼して、縦に断裂することもあります。
外踝の後ろで、短腓骨筋腱が断裂したときは、外踝の後部が腫れ、疼痛を発症します。

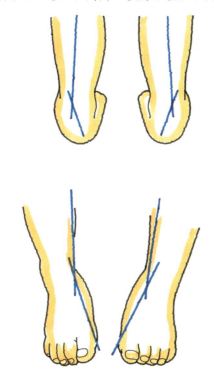

内反足は、外反扁平足とは逆の、「く」の字の変形をきたします。
今回は、交通事故による外傷性内反足に遭遇しました。
10歳女子の右足は15°内反しており、左右の下腿部の比較で、右下腿が1.5cm筋萎縮しています。
足の外側縁の接地であることから、第5中足骨骨頭と基部にタコができていました。

足の内返しとともに尖足(せんそく)を伴うことが多いのですが、その徴候は認められていません。

※尖足(せんそく)とは？
足の変形の一種であり、足の甲側が伸び、足先が下垂したまま元に戻らなくなった状態です。
踵(かかと)を地面につけることができないので、足先で歩くことになり、体幹の支持機能に悪影響をおよぼします。

懸念されるのは、足関節が内反位にあるため、外果の捻挫が多発して、近い将来、変形性足関節症に発展する可能性が高いことです。

現在、治療先は、睡眠時以外は、短下肢装具の装着を指示して矯正しようとしています。

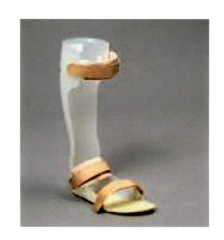

以前の経験では、左足関節部の粉砕骨折により外傷性内反足をきたしたものです。
靴は、靴紐でしっかりと固定できるもの、捻挫防止のためには、足関節を保持するミドルカットないしハイカットの靴と、靴底には、硬性のアーチサポートの装着が指示されました。

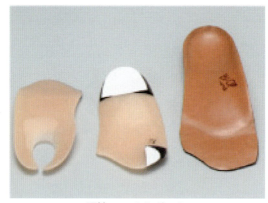

硬性アーチサポート

左足関節の機能障害で 10 級 11 号、外傷性内反足が 12 級相当、併合 9 級が認定されました。
今回は、睡眠時以外の 16 時間について短下肢装具の装着が指示されています。
これで矯正できるとの見通しはありません。
外傷性内反足で、10 級相当を目標にサポートを続けます。

外傷性内反足における後遺障害のキモ？

1）外傷性内反足による後遺障害は、等級認定表に定めがない？
足部の後遺障害は、足趾の欠損もしくは用廃、足関節の機能障害が規定されているだけです。
本件では、足関節に運動制限は認められていません。
したがって、政令別表の規定により、他の後遺障害に準じて等級の認定を求めることになります。

2）となれば、外傷性内反足により、日常の生活でどのような支障が認められるのか？
これらを丹念に立証していかなければなりません。
ポイントは、短下肢装具による矯正です。
16 時間も装着しなければならず、全力疾走は不可、わずかな距離の小走りがやっとの状態です。
しかし、頑張って歩行訓練を続けないと、筋力は目に見えて低下していきます。

私は、外傷性内反足で歩行に支障があり、固定装具の装着を常時、必要としない程度のものであれば、10級相当の認定が妥当であると考えています。
新たな立証に燃えています。

61　足根骨の骨折　距骨骨折（きょこつこっせつ）

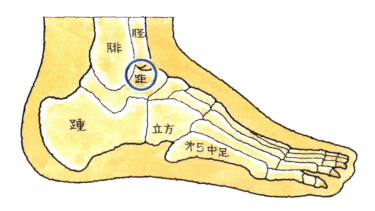

距骨（きょこつ）は、踵骨の上方にあり、脛骨、腓骨と連結して足関節を形成しています。
距骨表面の80％は関節軟骨で覆われ、筋肉が付着していないこともあって、血流が乏しいのを特徴としています。
骨折では、血行障害となり、壊死・偽関節・関節症変化による機能障害を残すことが多いのです。

交通事故では、自転車やバイクVS自動車の衝突で、転倒時に、背屈を強制され、脛骨や腓骨に挟まって骨折することがほとんどですが、自動車を運転中に、センターラインオーバーの相手車を発見、急ブレーキをするも間に合わず正面衝突を受けた例でも距骨骨折を経験しています。

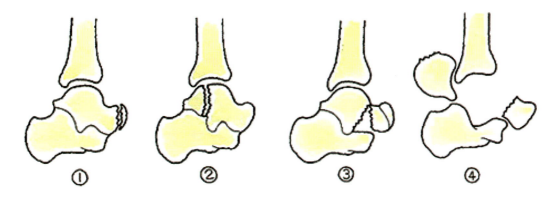

上図の①②であれば、壊死も考えにくく底屈位で整復後、10週間のギプス固定で改善に向かいます。
しかし、③④は距骨下関節の脱臼を伴っており、重傷です。
③は壊死の可能性が考えられ、④になると、壊死は決定的です。
いずれも整復固定術により強力に内固定を行い、術後、ギプス固定⇒PTB装具となります。

受傷後6週間を経過すればMRIや骨シンチグラフィー検査で壊死の診断が可能です。
Hawkins兆候＝軟骨下骨萎縮が認められれば、血液循環が保たれていると考えられます。
徐々に部分荷重を開始し、骨萎縮像が消失したら全荷重とします。
骨萎縮像を認めないときは、PTB装具で厳重な免荷と自動運動を実施、骨萎縮像の出現を待ちます。

過去には、全荷重までに2～3年を要したこともありました。

平均的には、次の経過をたどります。
①2、3カ月でHawkins兆候の陽性＝距骨滑車下の骨萎縮、
②4、5カ月で距骨の硬化像、ボチボチとPWB＝部分荷重によるリハビリが開始されます。
③6カ月以降、骨梁の修復、様子を見てFWB＝全荷重によるリハビリが開始されます。

※NWBは免荷、PWBは部分荷重、FWBは全荷重

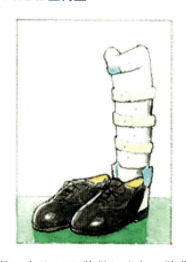

下腿骨の骨折などで使用される装具であるPTB装具により、膝蓋骨で体重を支持しますので、足はNWB、宙に浮いている状態です。
両方が同じ高さでないと歩行ができないので、健足にも補高が付けられます。

ナカシマメディカル

最近では、上記の人工距骨も臨床で使われ始めているとのことです。
壊死が多く荷重時期が遅くなるのであれば、人工関節も十分選択の範囲内と思われますが、私は、まだ、1例も経験していません。

距骨骨折における後遺障害のキモ？

1）症状固定時期の決断？
距骨の骨折では、足関節の可動域制限が後遺障害の対象です。

ところが、オペ後、理想的な経過をたどっても、FWBまでに6カ月ですから、その後のリハビリを含めると症状固定までに、8カ月～1年以上が予想されるのです。

保険屋さんは、足関節周辺の骨折と思っていますから、4カ月を過ぎれば、毎月のように、電話でせっつかれ、休業損害や治療の打ち切りがほのめかされたりします。
社会復帰の遅れは、被害者にとっても焦りであり、感情的な対立も珍しくありません。
大人の対応を続けていても、うっとおしい限りなのです。
そこで、被害者には、受傷後早期に、弁護士に委任することを提案しています。

弁護士は、保険屋さんに対して、距骨の骨折は治療が長期化することを、前もって伝えておきます。
治療の経過と見通しは、毎月の休業損害の支払い確認の際に、ありのままを報告しておきます。
こうなると、被害者に電話が入ることはなく、静かな環境で治療に専念することができます。

被害者が事務職であれば、PWB＝部分荷重で就労復帰を指導していますが、現業職で、当面の配置転換が不可能なときは、就労復帰まで休業損害を請求することになります。

この環境で、FWB＝全荷重まで待ち、この間、足関節の可動域を計測し続けます。
私の経験では、大多数が2分の1以下の制限で10級11号が認定されているのですが、10級11号の認定をめざして、可動域をチェック、症状固定の時期を探っています。

2）経験はありませんが、人工距骨に置換したときは、10級11号が認定されると予想しています。

3）無腐性壊死となり、足関節固定術が実施されたときは、8級7号が認定されます。

62　足根骨の骨折　右踵骨不顕性骨折(みぎしょうこつふけんせいこっせつ)

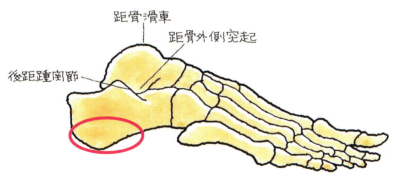

右足の骨格を外側から見ています。

交通事故無料相談会に、「2カ月前、自動車の後部座席から外に出たときに追突を受け、歩道の段差を踏み外した？」として、かかと部の痛みを訴える65歳の高齢者が参加されました。

幸い、先に降りていた妻が支えてくれたので、転倒は免れたそうです。
しかし、かかと部がみるみる腫れだし、とても痛くて歩けなかったので、そのまま自動車で、整形外科に直行し、診察を受けたのです。

整形外科でのXP検査では、骨折は認められず、かかとの打撲と診断されたのですが、2カ月を経過しても、腫れが引くこともなく、今も松葉杖歩行しています。

相談は、「本当に打撲なのでしょうか？」「このままの治療で治るのでしょうか？」
それは、整形外科医マターですから、医師の資格を持たない私が回答することではありません。

それでも、右足を拝見すると、現在も踵骨部が腫れており、押さえると激痛を訴えられます。
そこで、チーム110が懇意にしている専門医を紹介、一緒に受診することになりました。

専門医の見立ては、断定はできないが、右踵骨不顕性骨折ではないか？　というものでした。

※不顕性とは、病気の過程が始まっているが、まだ所見が表れていないことを示す医学用語です。

先に、踵骨は硬い皮質骨の殻のなかに、スポンジのような軟らかい骨、海綿骨が詰まっており、たとえれば、和菓子のモナカの構造によく似ていると説明しました。

追突の衝撃で、歩道の段差を踏み外した衝撃は、かかとの後ろ部分に伝わると予想されます。
このとき、かかとの骨の全形が崩れなくても、衝撃が骨組織を破壊することがあるのです。
しかし、全形は保たれていますから、XP撮影では、骨折所見が確認できません。

さて、破壊された海綿状の骨組織は、時間の経過で、新しい骨に置き換えられていきます。
この置き換えが完了すると、線状の痕跡が現れるのです。
線上の骨折線が確認できれば、本件は右踵骨の骨折と診断されます。
それまでは、所見が得られない不顕性踵骨骨折なのです。

本件は、専門医の診察の通り、右踵骨不顕性骨折から右踵骨骨折に確定診断がなされたのです。

現在、受傷から5カ月を経過、松葉杖はとれましたが、1本杖で歩行しています。
あと1カ月で症状固定、右踵骨部の痛みで14級9号の獲得をめざしています。

右踵骨不顕性骨折における後遺障害のキモ？

主治医が、右かかと打撲と診断したままであれば、本件の後遺障害は痛みを訴えてもアウトです。
調査事務所は、打撲や捻挫は、受傷から3カ月で治癒すると確信しているからです。
「65歳の高齢者であれば、もう少し、痛みが続いても不思議ではない？」

そのように断定して、非該当で片付けられます。

しかし、今回は、専門医の診察で右踵骨不顕性骨折が疑診され、その後の経過で、骨折の線状痕が確認できたことにより、右踵骨骨折との確定診断がなされました。

「骨折があって、65歳の高齢者であれば、痛みを評価して14級9号をくれてやるか？」
おそらく、調査事務所は、このように判断するはずです。

この老人は、息子と2人で製材所を経営しており、昨年の年収は、750万円です。
逸失利益　750万円 × 0.05 × 7.1078 ＝ 266万5425円
後遺障害慰謝料　110万円
後遺障害部分の損害　376万5400円

まだ、捕らぬ狸の皮算用ですが、なに、確実にモノにしてご覧に入れます。

63　足根骨の骨折　踵骨骨折（しょうこつこっせつ）

踵骨骨折は、大きく分類すると、以下の2つです。
①捻挫や反復動作の外力と靭帯の張力が作用して発症するもの、
②高所からの転落などで、踵を強くついたときの外力により発症するもの、
①は踵骨前方突起骨折で説明を終えています。
ここでは、②転落などによる衝突・圧迫型の骨折を解説します。

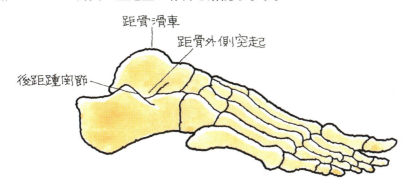

踵骨（しょうこつ）とは、かかとの骨で、直接、地面に接して体重を支えています。

足根骨の中で最も大きく、不整な四角形であり、かかとの突出は、この骨の隆起によるものです。
踵骨は硬い皮質骨の殻のなかに、スポンジのような軟らかい骨、海綿骨が詰まっています。

たとえば、和菓子のモナカの構造によく似ているのです。
高所からの転落で、モナカを踏み潰したように骨折し、踵骨上面の関節面が落ち込むのです。
結果、踵骨の上に位置する距骨との関節が転位し、踵が幅広く、高さが低く変形するのです。

骨折は、主にかかとの後面からの衝撃で発症する陥没型骨折と、かかとの下面からの衝撃で発症する舌状型骨折があります。距骨の突起部が舌のように見えることから、このように呼ばれています。

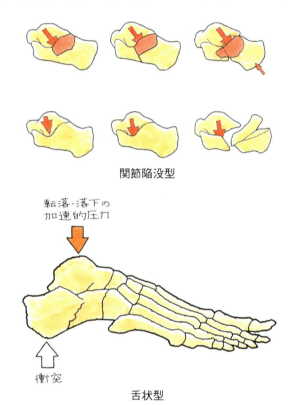

骨折線は関節面におよぶことが多く、転位を残したままでは重度の機能障害を生じます。
踵骨全体像もケーキを押しつぶしたようにペシャンコになり、疼痛や扁平足などにより重篤な歩行障害を残すことが多く、治療が長期化し、非常に厄介な骨折です。

下方に向かって骨折するもの、踵骨後方へ向かって水平に骨折するものがあります。
転位のないもの、転位が小さく徒手整復が可能なものは、4～6週のギプス固定となります。
一方転位があって、徒手整復が困難なときは、オペによる整復と固定が実施されています。
転位とは、距踵関節部でズレることです。

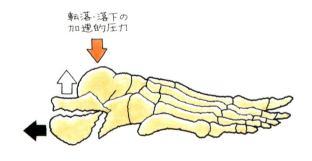

この骨折の形状では、オペによる整復と固定が実施されています。

骨癒合を完了しても、痛みや腫れが改善しないことが多く、骨癒合後のケアに苦労します。
疼痛や腫脹が消失するまで2～3年を要する症例も非常に多く見られます。
また、粉砕骨折や後距踵関節に骨折線がおよんでいる症例では、確実に後遺障害を遺残します。

外傷後関節症などで変形を生ずると強い疼痛や歩行障害が残存します。
こんなときは、関節固定術のオペが選択されています。

踵骨骨折における後遺障害のキモ？

1）踵骨骨折では、骨折部の疼痛が後遺障害の対象となります。
症状としては、歩行時の痛み、坂道や凸凹道の歩行や長時間の立位が困難なこと、高所での作業が不可能であることが代表的です。
この状態が2年以上続くこともあり、症状固定の決断に頭を悩ませています。
事務職であれば、問題を残しませんが、営業職や現業職では就労復帰が遅れます。
当面の配置転換が可能であれば、この問題はクリアできますが、全員がそうではありません。
私は、こんな状況でも、骨癒合が完了した時点で、症状固定とすべきと考えています。
XP、CTで骨折後の骨癒合状況を立証し、なんとか、12級13号を獲得する方向です。

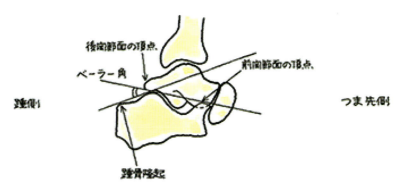

①これ以外には、ベーラー角度の減少による外傷性偏平足があるかどうか？
ベーラー角は、20～40°が正常ですが、健側と比較して問題提起をしています。
これもONISのソフトで、たちどころに計測できます。
②距踵関節面に、わずかでも変形が認められるかどうか？
③MRIで、内・外果の周囲の腱や靭帯、軟部組織に瘢痕性癒着が認められるかどうか？
これらのチェックも怠りません。

配置転換もなく、就労復帰が遅れていたとしても、受傷から2年以上、休業損害を払い続ける善良な保険屋さんは、1社もありません。
「痛いのは、気のせい？」であるとして、強引な打ち切りが断行されています。
どうせ打ち切られるのであれば、予想される休業損害を含めた示談交渉をすればいいのです。
さすがに、被害者の言い分を保険屋さんが丸呑みすることはありませんが、有能な弁護士なら、慰謝料の増額交渉で、これを実現しています。

2）もう1つ、踵骨の骨折部にズディック骨萎縮が認められ、灼熱痛を訴え、車椅子状態で、就労復帰

の見通しが、どうにも立たないことがあります。
これは単なる疼痛ではなく、複合性局所疼痛症候群、CRPSタイプⅡカウザルギーです。
カウザルギーを丹念に立証して、後遺障害等級を獲得しなければなりません。

3）踵骨の粉砕骨折、後距踵関節に骨折線がおよんでいる重症例では、歩行時の疼痛にとどまらず、足関節に大きな可動域制限を残します。

普通は、足関節の背屈と底屈の計測で立証は終了しますが、チーム110はそれで終わりません。
計測は、内返し、外返し、回内、回外まで行います。
さらに、CTの3D撮影で、ベーラー角の計測による縦アーチの崩壊、距踵関節面の変形、MRIで、内・外果の周囲の腱や靭帯、軟部組織の瘢痕性癒着を緻密に立証し、上位等級に結びつけています。

歩行時に足底板の装着を必要としているかも、等級獲得ではキーポイントです。

4）私の経験則では、第12胸椎圧迫骨折や腓骨筋腱損傷を合併した例があります。

胸腰椎の圧迫骨折は、縦方向に衝撃が加えられたことによるもので、不思議ではありません。
腓骨筋腱の走行路の転位を修正することは、オペ段階で可能ですが、見落とされています。

このように考えると、オペは専門医を選択しなければなりません。
救急搬送では、被害者に治療先の選択権はありません。
これは、家族が考えることになります。

64　足根骨の骨折　距骨骨軟骨損傷（きょこつこつなんこつそんしょう）

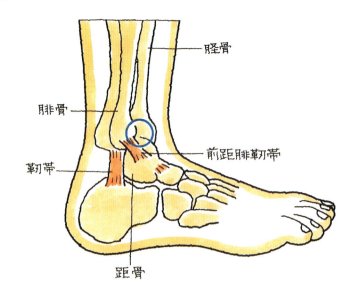

● 足の障害

距骨骨折のところで、「距骨表面の 80％は関節軟骨で覆われ、筋肉が付着していないこともあって、血流が乏しいのを特徴としています。」このように説明しています。

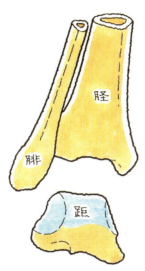

足関節を骨のパーツで見ると、距骨は、脛骨と腓骨で挟み込まれるソケット構造となっています。

そして、距骨は、距骨滑車で脛骨や腓骨と、距骨頭で舟状骨と、前・中・後距骨で踵骨と関節面を形成しており、これらの表面は軟骨で覆われているのです。

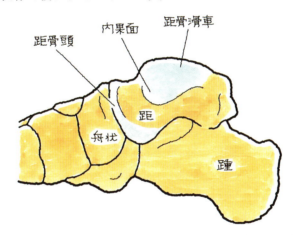

距骨骨軟骨損傷は、距骨骨折ほど重症例ではありませんが、足首の捻挫に合併する代表例です。
オレンジ色の所は、足首の捻挫で、伸びたり切れたりすることの多い前距腓靭帯です。
青い丸の部分は、距骨骨軟骨損傷で痛みを感じるところです。

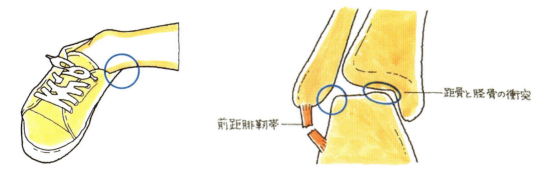

足関節を、底屈時に、内返し捻挫すると、前距腓靭帯を損傷、断裂することも珍しくありません。
このときに、距骨と脛骨が衝突し、衝撃で、距骨内側の軟骨を損傷するのです。

背屈時の内返し捻挫では、腓骨と接する距骨外側で軟骨が損傷します。
軟骨損傷は、軟化に始まり、亀裂→分離→遊離と重症化していきます。

多くの整形外科医は、前距腓靭帯損傷を伴う足関節捻挫と診断しますが、専門医であれば、距骨骨軟骨損傷を見逃しません。

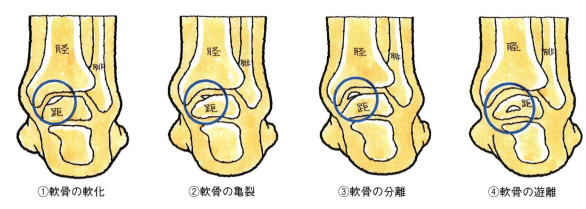

①軟骨の軟化　　②軟骨の亀裂　　③軟骨の分離　　④軟骨の遊離

MRIにより、確定診断がなされています。
①②では、足関節のサポーターの装着、もしくはギプス固定で経過観察となります。
③④であれば、関節鏡により軟骨の除去術が選択されます。
関節鏡によるオペであっても、10日～2週間の入院が必要となります。
損傷の大きさとステージによって異なりますが、歩行は術後3週間で可能で可能となりますが、日常生活の復帰に約3カ月、スポーツの再開となると、4、5カ月を要します。

距骨骨軟骨損傷における後遺障害のキモ？

距骨骨軟骨損傷の後遺障害は、損傷部の疼痛と、足関節の可動域制限です。
受傷直後に、専門医が軟骨損傷を診断、治療を行ったときは、後遺障害を残すことは少ないのです。

もちろん、交通事故外傷ですから、広い範囲に軟骨損傷が認められるときは、14級9号、12級13号の痛みや、12級7号の運動制限を残すことも予想されます。

問題となるのは、足関節の捻挫、前距腓靭帯損傷で放置されたときです。
放置されたまま、第4ステージまで重症化すると、遊離した軟骨により、周囲の軟骨が損傷し、軟骨損傷の範囲が大きくなり、変形性足関節症に進化していくのです。

65 足根骨の骨折　足根管症候群(そっこんかんしょうこうぐん)

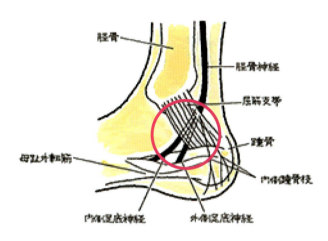

足根管症候群

上肢の外傷に、よく似た傷病名で手根管症候群があります。
これは、上肢を走行する正中神経が、手根管のトンネル部で圧迫、締め付けられたことにより、麻痺したもので、交通事故では、橈骨の遠位端骨折や月状骨の脱臼に合併して発症しています。

足根管症候群も、手根管症候群と同じく、絞扼性神経障害で、後脛骨神経が麻痺する症状です。
脛骨神経は、下腿から足の方へ向かって走行、足の内くるぶしの付近で枝分かれをして、足の裏の感覚を支配しています。
内くるぶし付近では、足根管というトンネルが存在して、後脛骨神経がその中を通り、交通事故では、脛骨内果・距骨・踵骨の骨折、脱臼に合併して発症しています。

症状は、足指や足底部のしびれ感や疼痛を訴えるのですが、痛みの領域が足首以下に限定され、かかとや足関節、足裏に痛みが生じていること、足の親指の底屈不能、痛くて眠れないほど、夜間に痛みが増強するが、足の甲には痛みやしびれが出現しないのが典型的な症状です。

足根管部に圧痛や放散痛が認められ、皮膚の表面から軽く叩いただけで、極めて激しい痛みが放散するチネルサインも陽性となります。
神経の障害ですから、後脛骨神経が支配している筋肉の筋電図をとると異常が認められます。

治療としては、保存的に、ステロイド剤の局注、鎮痛消炎剤の内服、足底板の装着、安静で改善を見ることもありますが、効果が得られなければ、屈筋支帯を切り離し、神経剥離術を実施します。
オペは、整形外科・スポーツ外来、専門医の領域です。
予後は良好であり、絞扼性神経障害では、後遺障害を残すことは稀な状況です。

足根管症候群における後遺障害のキモ？

1）交通事故では、脛骨内果・距骨・踵骨の骨折や脱臼に合併して、このトンネルが圧迫を受け、足根

管症候群を発症しているのです。
したがって、後遺障害の本線は、脛骨、距骨、踵骨の骨折後の変形、疼痛、可動域制限となります。
足根管症候群は、治療で治癒することをめざします。

軽度な足関節捻挫でも、足根管症候群を発症することがあります。
多くの被害者が、オペを後回しにして後遺障害を獲得しようと考えますが、それは間違っています。
治癒することが分かっていて、現状で、後遺障害を認めるほど、調査事務所はオバカではありません。

2）4年前、大阪の被害者、40歳男性は、左足関節両果骨折、左足根管症候群の傷病名で、神経剥離術を受けたのですが、症状が改善しません。
「治療先の医師を、医療過誤で訴えたいが、どうしたらいいか？」こんな相談に来られたのです。

症状は、かかとや足関節、足裏の痛みとだるさ感、足の親指の底屈不能でした。
これらの痛みは、夜間に増強し、痛くて眠れないとの訴えです。

神経剥離術の失敗が予想されるのですが、それは後遺障害を獲得してから検証しましょうと説得、被害者であるおっさんを押さえ込みました。

後脛骨神経麻痺は筋電図、骨折後の骨癒合と変形のレベルは3DCTで完璧に立証しました。
結果、左足関節の機能障害で10級11号、左親趾の用廃で12級12号、併合9級が認定されました。

連携弁護士に委任、訴訟基準で保険屋さんと交渉した結果、
後遺障害慰謝料690万円、
逸失利益　672万6900円×0.35×14.643＝3447万6000円
後遺障害部分の損害賠償額は、4137万6000円となりました。

3）さて、問題の医療過誤です。
医療過誤とは、医師や看護師などの医療関係者が、治療を行うにあたって当然必要とされる注意を怠ったため、患者に損害を与えることです。
薬剤の誤投与や衛生管理の不徹底による感染などは、民法・刑法・行政法上の責任を問われることになりますが、立証責任は患者側にあります。
本件の神経剥離術に医療過誤があったとしても、交通事故による破滅的な損傷であり、神経剥離術が失敗であったとしても、それは不可抗力であって医療過誤ではないと主張されるでしょう。
そして、交通事故医療では、この蓋然性が非常に高いのです。
先の見えない戦いに突入しようものなら、保険屋さんは、支払い責任を免れますから、大喜びです。

私が保険調査員時代にも、ある被害者が、医療過誤訴訟を立ち上げました。
結論は、手術は失敗ではなく不可抗力であったと思料される。
ただし医師として、その手術を選択したことに注意義務違反があり、インフォームド・コンセントも十分ではなかったとして、わずかな見舞金の支払いが命じられたのみで結審しました。

●足の障害

この被害者は、オペ直後から病院内で医療過誤を叫び、治療先から用心されていました。
そして、そのことを保険屋さんに報告、保険屋さんから弁護士の紹介を受けて争ったのです。
お人好しも、ここまで来るとスーパーノーベル賞レベルです。
担当していた私は、1回だけ、「医療訴訟なんて考えるものではありませんよ？」そのようにアドバイスしたのですが、熱くなっており、全く耳を貸さないので、手を引いたのです。

「ハサミや鉗子、ガーゼが留置されていた？」
まる分かりの医療過誤であっても、そんなことで大騒ぎするのではなく、まず、後遺障害を確定させて、保険屋さんとの損害賠償請求を訴訟基準で完結させるのです。
その後、引き続き弁護士にお願いして、真綿で首を絞めるように見舞金を請求すればいいのです。

66 足根骨の骨折　足底腱膜断裂（そくていけんまくだんれつ）

ラグビー、サッカーなどのコンタクトスポーツで、足を強く蹴り出してダッシュしたときに発症しています。
交通事故でも、バイクや自転車と自動車の出合い頭衝突で、足の裏に強い衝撃がかかったとき、道路から田畑や崖下に転落、着地の際に、大きな負荷がかかり、足底腱膜が断裂することがあります。

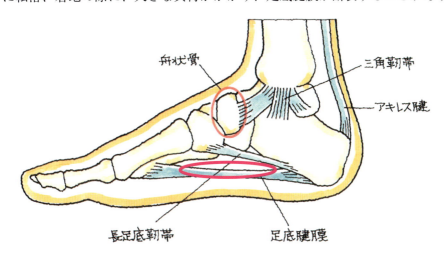

ほとんどは、踵骨に近い位置の足底腱膜が断裂しています。
また、足底腱膜断裂では、断裂した腱膜組織から出血し、内出血を起こし、内出血は、足裏の土踏まずの部分に拡がります。

受傷直後は、激痛で歩くことができず、みるみるうちに、足裏の内出血が拡がり、腫れが増大、土踏まず部分が、広く平らに見えるので、診断は容易です。
「足首の捻挫ですね？」なんて、見過ごされることは、ありません。

エコー検査やMRIの撮影で、足底腱膜断裂を確認することができ、診断は確定します。

治療は、断裂部位の縫合術がなされ、その後、1カ月程度のギプス固定がなされます。
ギプスカット後は、足底板を装着し、リハビリが始まります。
平均的には、受傷から2カ月で就労復帰でき、青年であれば、後遺障害を残すことはありません。

67　足根骨の骨折　足底腱膜炎（そくていけんまくえん）

足底腱膜炎は、先の足底腱膜断裂の前段階、足底腱の一部の断裂や炎症です。

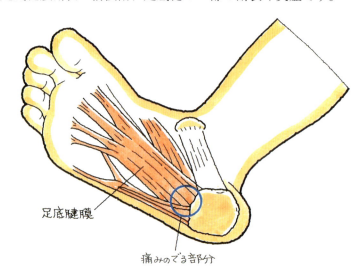

足底腱はアーチ状の構造をもつ足の骨に対して、弓の弦のように張られていて、ジャンプや走ることで、足が受ける衝撃を吸収する役目を担っています。
足底腱膜炎は主に、踵の骨の周辺に発生し、痛みを引き起こします。

足底腱膜炎の主な症状は、かかと周辺の痛みです。
この痛みは、踵を地面につけたときに、増強します。
足底腱膜炎の治癒は、個人差、年齢差がありますが、早ければ3カ月、長くて2、3年です。

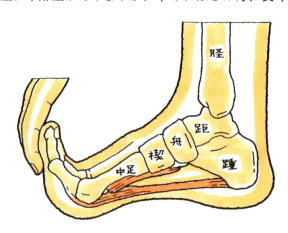

非ステロイド性抗炎症剤、NSAIDsやステロイド剤の投与で炎症の悪化を抑え、マッサージ、ストレッチ運動などで痛みを緩和させるリハビリが続けられ、日常歩行には、アーチサポートやヒールカップといった、足の構造を支援する装具を装着することもあります。

足底腱膜断裂、足底腱膜炎における後遺障害のキモ？

①若年者、スポーツで鍛えている被害者は、これらの傷病名で後遺障害を残すことはありません。
いずれも、3カ月以内に就労復帰を遂げ、通常の日常・社会生活を過ごしています。

②ところが、スポーツを楽しむわけでもなく、身体能力に劣る高齢者では、リハビリの効果が得られず、痛みが長期化することが予想されるのです。
しかし、保険屋さんは、のんびりと待っては、くれません。
6カ月も過ぎれば、治療の打ち切りで大騒ぎすることになります。

MRIの撮影で、炎症所見もしくは断裂を立証し、持続的な歩行時痛で、後遺障害を申請します。
画像による他覚的所見が認められていれば、オマケで14級9号が期待できます。

ポイントは、簡単にあきらめないこと、治りもしないのにダラダラ通院を続けないことです。
後遺障害では、いつの場合でも、画像所見が決め手です。

「外傷性頚部症候群に起因する症状が、神経学的検査所見や画像所見から証明することはできないが、受傷時の状態や治療の経過などから連続性、一貫性が認められ、説明可能な症状であり、単なる故意の誇張ではないと医学的に推定されるもの。」
ムチウチであっても、これで14級9号が認定されているのです。

MRIで、炎症や断裂の器質的損傷を立証すれば、鬼に金棒です。

68　モートン病、MORTON病

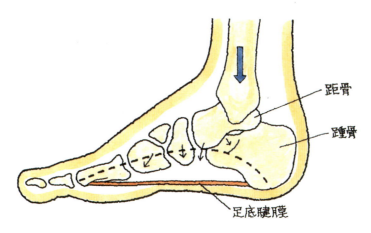

人間は2本足で直立歩行する唯一の哺乳動物です。
4本足で歩行する哺乳動物は、かかとの部分を浮かせて足の先だけで歩きますが、人間は足の裏全体を地面につけて歩いています。
人間の体重は、股関節や膝関節でも支えてくれますが、なんといっても全体重を支えているのは地面に接している足なのです。
全体重を支える必要から、足には衝撃を吸収するシステムが組み込まれています。

三角の部分の3つのアーチがそれに該当します。
アーチを弓にたとえると、弦に相当するのが筋肉と靭帯です。
足に体重がかかったときには、この弓と弦が伸びたり縮んだりして衝撃を吸収しているのです。
さらに、足は第2の心臓とも呼ばれています。

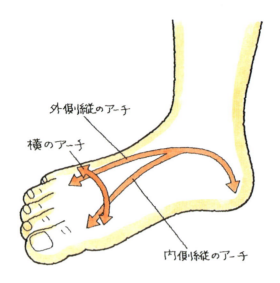

心臓はポンプの働きで全身に血液を巡らせていますが、足にたまった血液はふくらはぎや足の裏の筋肉の収縮によって心臓に送り返されているのです。

足のむくみについては、コンパートメント症候群で解説していますが、人間は立ったままでも足の裏に刺激を受けていれば、足のポンプがうまく機能して血行を促進させるのです。

近年、足の裏のつぼをマッサージすることが流行していますが、血行をよくすることによって自律神経やホルモンの働きを活性化させているのです。

交通事故では、1例だけの経験があります。
自動二輪を時速70kmで運転中に2トントラックの側面に激突し、右下腿骨の開放性粉砕骨折と右足関節果部の挫滅骨折等で、奇跡的に切断を逃れた被害者でした。
受傷後1年7カ月目に症状固定、偽関節と足関節の運動障害で併合7級の後遺障害を獲得したのですが、右足指の3・4番目に疼痛を訴え、モートン病と診断されました。

これは、先に説明した足根管症候群と同じ、絞扼性神経障害です。
後脛骨神経から枝分かれした内側足底神経の外側に分岐した趾間神経が圧迫されたことによって発症します。調べてみると、ハイヒールを履く中年の女性に多い疾患です。
2・3趾または3・4趾のしびれ感と灼熱感と疼痛を訴えることが多いのです。

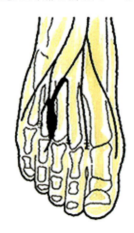

足の指に通じる神経は、中足骨の間をつなぐ靭帯の下を走行しているのですが、歩行時に蹴り出すと、この神経が引っ張られて靭帯に当たり摩擦を起こします。
つま先の窮屈な靴を長時間履くと、これが繰り返されて神経に瘤ができます。

3・4指に多いのは神経がイラストのように、2方向からきて合わさっていることが理由と考えられます。
被害者は、ステロイドの局注で改善しましたが、オペで神経腫を切除することもあるようです。
モートン病では、後遺障害を残しません。

69 足根洞症候群(そっこんどうしょうこうぐん)

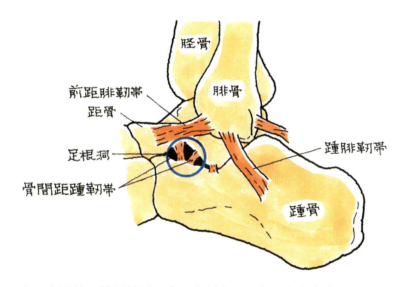

足関節捻挫で、いつまでも関節の外側付近に痛みを訴えることがあります。
でこぼこ道の歩行、足関節の内返しや底屈で痛みが増強するとの訴えがなされます。
また、足の後ろの方に不安定感や下腿の外側に、だるさやしびれを訴えることもあります。

臨床的には腓骨の末端と距骨を橋渡ししている前距腓靭帯の中央部下に位置する足根洞という部位に一致して、強い圧痛が認められます。
XP検査では、明らかな異常は認められません。

激しい足関節捻挫では、前距腓靭帯が断裂し、周辺の靭帯も損傷を受けて足根洞内に出血、これが瘢痕組織や線維組織に変わり、運動時の痛みの発生原因になります。

治療は足根洞にステロイドと局所麻酔剤を混ぜた液を注射すると効果が現れます。
ギプス固定や腓骨筋の筋力増強リハビリが有効なこともあります。
改善が得られないときは、足根洞の瘢痕組織の郭清術を行います。

非常に稀な外傷ですが、足関節の外側の疼痛や不安定感が長く続くときは、整形外科・スポーツ外来の専門医を受診しなければなりません。
距骨、踵骨を伴わない足根洞症候群であれば、後遺障害を残すことはありません。

70　足根骨の骨折　ショパール関節脱臼骨折

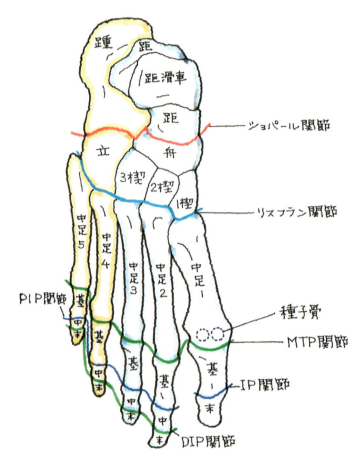

ショパール関節とは、上記の関節で、横足根関節とも呼ばれています。
交通事故では、自転車、バイク、高所からの転落事故で複数を経験しています。
足を強く挟まれ、内側に捻挫したとき、つま先が足の裏を向く、内返しの力が加えられたときに、ショパール関節は脱臼骨折しています。

骨折や脱臼部の転位が小さいときは保存療法が、開放性脱臼骨折で転位が大きいとき、踵骨骨折を合併しているときは、オペが選択されます。

ショパール関節脱臼骨折における後遺障害のキモ？

1）転位が小さく、亜脱臼レベルで保存療法が選択されたものは、足関節に機能障害を残すことはありませんが、受傷から6カ月を経過した段階では、運動痛の訴えを残しています。
整復後の骨癒合状況を3DCTで、靭帯部分の損傷はMRIで立証することになります。
器質的損傷が確認されれば、14級9号、12級13号の認定が期待できます。

ここでいう器質的損傷とは、画像で確認できる外傷性所見のことです。
ただ、痛いと訴えても、等級の認定にはつながりません。
症状固定時期の決断も、重要な要素です。

2）開放性脱臼骨折で転位が大きいとき、踵骨骨折を合併しているときは、オペが選択されますが、ほとんどのケースで足関節に12級7号以上の機能障害を残します。

踵骨骨折に腓骨神経麻痺を合併、足底板の装着と杖の使用を余儀なくされ、併合7級を獲得したこともあります。

71　足根骨の骨折　リスフラン関節脱臼骨折

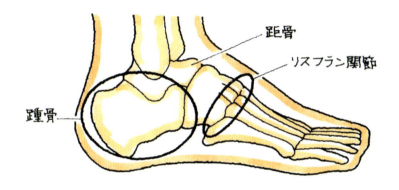

リスフラン関節は、足の甲の中央付近にある関節で、具体的には、第1・2・3楔状骨と立方骨と中足骨近位部で、この関節は構成されています。

リスフラン関節脱臼骨折は、リスフラン関節に強い力が加わることで生じます。
交通事故では、歩行者がタイヤに踏みつけられること、自転車・バイクを運転中の衝突で、転倒時に、足が石などを強く踏み抜いたときに発症しています。

歩行者では、ハイヒールで歩行中の女性が自動車との接触で中足骨に強い力が加わり、その影響で、リスフラン関節が脱臼・骨折したことも経験しています。

多くで、第2中足骨の基部が脱臼・骨折ですが、転位が小さく、整復できれば、ギプス固定、中足骨の多発脱臼・骨折で、転位が大きいときはオペによる固定が選択されます。

予後の経過は良好で、リスフラン関節単独では、機能障害としての後遺障害を残すことはありません。

72　足根骨の骨折　リスフラン靭帯損傷

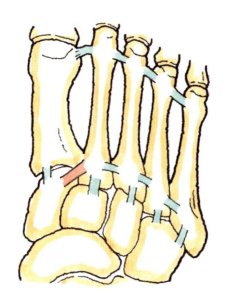

リスフラン関節部分を詳しく見ると、靭帯が、それぞれの骨をシッカリと締結しています。
オレンジ色の靭帯が、リスフラン靭帯です。
水色で囲んだ靭帯は、隣り合う骨どうしを互いに締結していますが、リスフラン靭帯だけは斜めに走行し、斜め下の第2中足骨と楔状骨を連結しています。

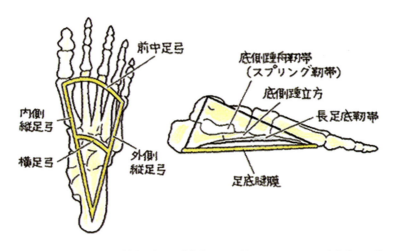

足の骨を横から見ると、リスフラン関節部分の頂点部は、足のアーチの頂点と一致しており、足部に体重がかかったときに、この関節がクッションの役目を果たしています。

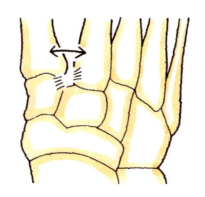

リスフラン靱帯が損傷すると、つなぎ止めていた骨どうしの連結が無くなり、矢印のように骨の間のすきまが開くようになり、このことを、中足・楔状骨間離開と言います。
つまり、靱帯が切れて、骨どうしをつなぎ止めることができないので、リスフラン関節部分が不安定な状態になり、アーチ構造が崩れて、体重をかけたときに痛みを生じるのです。

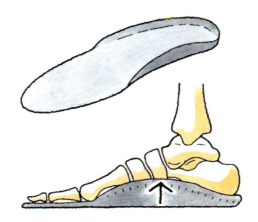

一般的な治療は、離開部分を寄せてギプス固定が行われています。
およそ1カ月後にギプス固定を解除し、足底板を装着させ、リハビリを続ければ、改善が得られます。

リスフラン関節脱臼骨折、リスフラン靱帯損傷における後遺障害のキモ？

1）MRIで立証しても、「とき、すでに遅し？」が存在する？
素足にクロックスを履いた男性、30代前半が、無料相談会に参加されました。
足の甲の部分を押さえると激痛が走り、歩行時の痛みが強いとの訴えがなされました。
足の甲がやや腫れぼったく、第1中足骨近位端部を軽く押すと、痛みを訴えます。
ただし、激痛ではありません。

事故後、8カ月を経過して撮影されたMRIで、わずかな中足・楔状骨間離開が認められました。
ほぼ、リスフラン靱帯損傷の状況ですが、診断書の傷病名は、足関節の打撲・捻挫となっています。

その後、治療先のカルテを取り寄せて検証しましたが、リスフラン靱帯部の痛みの記載はありません。
保険屋さんから打ち切りを打診され、念のために受診した医大系の病院でMRI撮影を受け、靱帯損傷の可能性を指摘されたのですが、事前認定の結果は非該当で、憤慨しています。

私は、事故直後から症状の訴えがなく、本件事故との因果関係を立証することが不可能であると判断して、対応をお断りしました。

受傷直後に、リスフラン靱帯損傷と診断されていることが理想ですが、これは、主治医の診断力次第、つまり、医師マターであり、被害者でコントロールできることではありません。
傷病名の診断がなくても、足の甲部分に激痛と歩行時の痛みなどの自覚症状があり、それらがカルテに記載されていれば、その後に傷病名が確定しても、なんとか、滑り込みセーフです。

本件における本音は、偶然、医大系の病院で靱帯損傷の可能性を指摘されたので、これを根拠として後

遺障害の獲得を画策していると見抜いたのです。
素足にクロックスで相談会に参加しているのですから、訴える痛みも、あやふやです。
救済すべき被害者ではないと判断しての撤退です。

2）後遺障害は獲得できる？
リスフラン関節の脱臼骨折では、一般的には、ほとんど後遺障害を残すことはないと説明しました。
しかし、それは、あくまでも一般論です。
交通事故で加わる外力は、スポーツの比ではなく、さらに、被害者の身体能力も、それほど鍛えられていないことがほとんどです。
痛みを残していれば、3DCTで骨癒合状況を、靭帯損傷はMRIで立証することにより、神経症状による14級9号、12級13号は、数多く獲得しています。

73　足根骨の骨折　第1楔状骨骨折

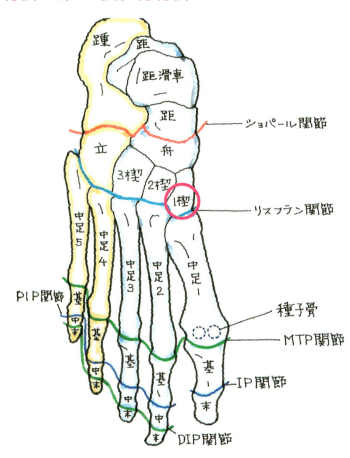

ネットでは、ほとんどが疲労骨折として質問されていますが、自転車で走行中、軽四輪車の追突を受け、前方に飛ばされ、着地の際、右足関節を強く捻転し、足関節内果骨折に第1楔状骨骨折を合併した経験則があります。

受傷時に、前足部を強制的に底屈された状態で第1楔状骨の直上に直達外力が加わると、同部に応力が集中し、単独骨折も予想されるところです。
第1楔状骨の骨折は、歩行中に荷重が伝達される第1中足骨、第1楔状骨、舟状骨からなる内側部の縦

行列が破綻したことを意味しており、縦行列の一部に脱臼または脱臼骨折が認められるときは、オペによる固定が選択されています。

先の例では、足関節内果部の横骨折についてはスクリュー固定、第１楔状骨の骨折については、K-wireにて経皮的ピンニングで固定されました。
６カ月後、右足関節の機能障害で、12級７号が認定されています。

74　足根骨の骨折　舟状骨骨折（しゅうじょうこつこっせつ）

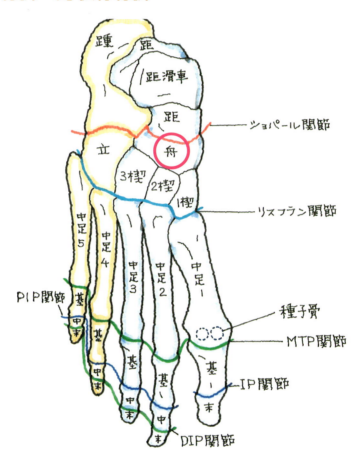

交通事故では、バイクの転倒時に、足関節の捻挫に伴い、舟状骨骨折を合併することがあります。
舟状骨骨折では、30％程度に骨癒合が不良で偽関節化することがあります。
骨癒合はCTで検証しますが、３週間のギプス固定でも骨癒合が得られず、偽関節化しているときは、オペによるスクリュー固定が選択されています。
転位の少ない単独の舟状骨骨折では、骨癒合が得られれば、後遺障害を残すことなく治癒します。

痛みがあるときは、3DCTで変形骨癒合を立証し、神経症状で14級９号もしくは12級13号の獲得をめざします。

75　足根骨の骨折　有痛性外脛骨(ゆうつうせいがいけいこつ)

メールで、「右足関節内・外果骨折、有痛性外脛骨と診断されたが、後遺障害は認定されるのか？」
こんな質問が寄せられました。
足関節の内・外果骨折は承知していますが、有痛性外脛骨なんて、聞いたこともありません。
無料相談会に参加されるので、早速、ネット検索で有痛性外脛骨を調べました。

外脛骨とは、足の内側にある過剰骨もしくは、種子骨の1つで、健常人の15～20％くらいに認められ
ていますが、骨の出っ張りが見られるだけで、痛みの症状がなければ、なんの問題もありません。
なお、過剰骨とは、普通にはない、余分な骨と定義されています。
参考までに、私には外脛骨はありません。

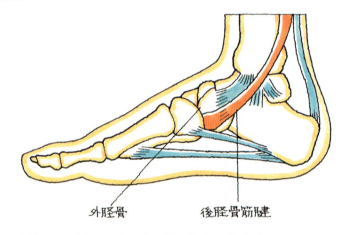

外脛骨　　後脛骨筋腱

上のイラストは、足の内側部で、内側の骨の端に外脛骨があります。
舟状骨粗面という足の内側に、出っ張った部分があるのですが、その部分に後脛骨筋という筋肉がつい
ており、この筋肉は、足の土踏まずを維持する上で重要な役割を果たしており、この筋肉が緊張するこ
とで、足のアーチが保たれているのです。
有痛性外脛骨による疼痛は、捻挫や繰り返される後脛骨筋の引っ張り作用で、外脛骨部分が舟状骨の部
分から剥がれ、その部分で炎症を起こしたことにより発症しています。

局所の安静下で、鎮痛剤、温熱療法などの保存療法で疼痛の改善をめざします。
症状が長期化するとき、繰り返し疼痛が出現するようなときは、ギプス固定や足底板＝アーチサポート
を装着させるリハビリ治療が行われます。
大多数は保存療法で改善が得られていますが、4カ月以上の保存療法を行っても、症状の改善が得られ
ない、また、なんども再発を繰り返し、日常生活に支障があるときは、オペが選択されています。

オペは、外脛骨を摘出、舟状骨突出部も一部骨切りを行い、最後に支持組織である後脛骨筋腱と底側踵
舟靭帯の再縫着を実施します。
これにより、運動痛は消失し、後遺障害を残すことはありません。

上記の知識を得て、相談会に臨んだのですが、参加の被害者には、そもそも外脛骨の出っ張りが認めら
れません。これではお手上げ状態なので、専門医を受診して原因究明をすることにしました。
そして、受診先の専門医が診断した傷病名は、舟状骨裂離骨折でした。

76 足根骨の骨折　舟状骨裂離骨折

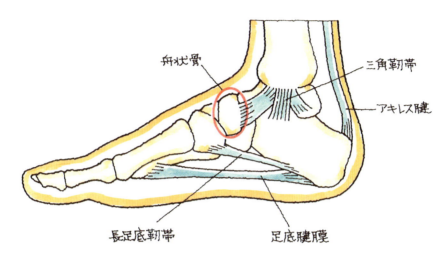

足の舟状骨は、足の内側にあって、土踏まずの頂点に位置し、体重を支え、足の踏み出しでは重要な役目を担っています。

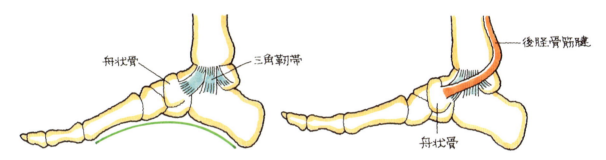

緑のカーブは、足の縦のアーチであり、その頂点には舟状骨があり、アーチを支えています。
そして、舟状骨には、内側の縦アーチを形成するオレンジ色の後脛骨筋腱が付着しています。

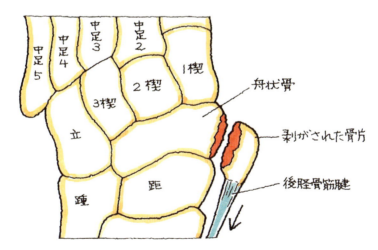

後脛骨筋腱が強く収縮することにより舟状骨が剥離骨折しています。

専門医は、触診だけで外脛骨は認められず、したがって有痛性外脛骨はあり得ないと診断しました。
その後のMRI撮影で、舟状骨が剥離骨折しているのが確認され、舟状骨裂離骨折の傷病名が確定しました。

受傷から4カ月を経過しての確定診断であり、剥離された骨片は大きく移動しています。
そこで、スクリュー固定によるオペが選択されたのです。
スクリューは、そのまま留置することにして、受傷から7カ月目に症状固定としました。
専門医に後遺障害診断を依頼し、右足関節の内・外果骨折による関節の機能障害で10級11号が認定されました。

77　足根骨の骨折　立方骨圧迫骨折＝くるみ割り骨折
りっぽうこつあっぱくこっせつ

立方骨は、足の甲の真ん中から、やや外側に位置しており、前は小指と薬指の根元の中足骨、後は、かかとの骨＝踵骨と連結して関節を形成しています。

強い外返し捻挫により、立方骨は、踵骨と第4、5中足骨でクルミのように挟まれ、踵骨・立方骨関節面の軟骨下骨が潰されて骨折するのです。
立方骨は足のアーチの要となる骨で、体重が乗ったときに、他の骨とともに衝撃を吸収する役割を果たしています。立方骨にゆがみが生じると足全体の構造が崩れ、扁平足をきたします。

交通事故では、自転車やバイクVS自動車の出合い頭衝突で、複数例を経験しています。
最近では、駅構内の階段を1段踏み外し、左足を外側に捻挫、くるみ割り骨折となった被害者から相談を受けています。捻挫の瞬間、ボキボキって音が足から聞こえてきたそうで、手摺りにしがみついて、なんとか転倒は免れたのですが、直後は、激痛で、一歩も歩き出すことができなかったとのことです。
人身傷害保険の対応ですが、骨折部の疼痛で12級13号が認められました。

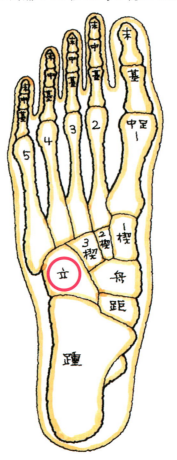

XPでは、踵・立方骨関節面に沿って骨折線が認められます。
初期のXPで発見できないときでも、骨萎縮が始まる3週間前後のXPで確認することができます。

2013年9月、西武の炭谷銀仁朗捕手は、本塁上で走者と交錯した際に左足の外側を痛め、左足立方骨亀裂骨折と診断されました。
しかし、彼は1流のアスリートであり、優勝のかかった終盤戦で離脱することは困難な事情もあり、その後も捕手として休むことなく活躍しました。

サッカー選手やマラソンランナーでは、立方骨の疲労骨折が複数例報告されています。
疲労骨折であれば、交通事故外傷として後遺障害の対象にはなりません。

主として外返し捻挫を解説してきましたが、内返し捻挫の受傷機転では、二分靭帯による立方骨剥離骨折を発症することがあります。

立方骨圧迫骨折＝くるみ割り骨折における後遺障害のキモ？

1）大きな捻挫として見過ごされることがほとんど？
立方骨圧迫骨折は、大きな捻挫として見過ごされ、放置されることが多いのです。
私の経験則でも、初診段階で立方骨骨折と診断されたものは1例もなく、すべてが足関節捻挫でした。

足関節捻挫と診断されたものの、疼痛が続いており、歩行困難をきたしているときには、立方骨骨折、踵骨前方突起骨折を疑い、専門医を精査目的で受診しなければなりません。

2）受傷直後に、立方骨骨折が診断され、徒手整復後、ギプス固定、その後、硬性アーチサポートで外側縦アーチが保持されていれば、平均的には3カ月前後で骨癒合が得られ、骨折部に疼痛を残すことも扁平足に発展することもありません。
つまり、非可逆的な骨折でもない限り、後遺障害を残さないということです。

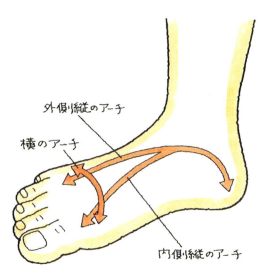

ところが、大きな足関節捻挫と診断され、湿布程度の処置で放置されたときは、リハビリを続けても疼痛の改善はなく、ひどい痛みの訴えに重い腰を上げ、CT撮影で立方骨骨折が発見されても、とき、す

でに遅し、手の打ちようがありません。
オペが選択されることも少なく、残存症状は後遺障害の認定で決着をつけることになります。

XP、CT　3Dで変形性骨癒合や扁平足を立証しなければなりません。
ただ、痛いでは、等級が認定されることはないからです。

これらが丁寧に立証されると、12級13号の認定は確実なものとなります。
扁平足は、常に関心をもって対応していますが、足部の外側縦のアーチが崩れても、それだけで扁平化することは少なく、この領域で等級が認定されたことは、現時点では、ありません。

78　足根骨の骨折　二分靭帯損傷

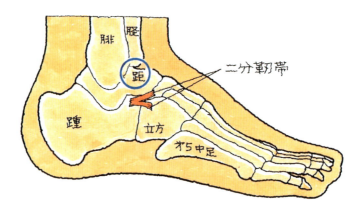

足関節捻挫は、腓骨と脛骨そして距骨が接する青○印部分で発生しています。
ところが、足関節捻挫でも、直近の別の部位を捻挫することがあるのです。

中でも、イラストのオレンジ色で示したY字型の二分靭帯が損傷することが多いのです。
二分靭帯は、かかとを構成する踵骨（しょうこつ）、立方骨と舟状骨を固く締結する役目です。
爪先立ちのような姿勢で、内返し捻挫となったとき、二分靭帯は損傷や断裂することがあります。
バレーボールでジャンプ、着地で内返し捻挫となると、ほぼ確実に二分靭帯は損傷を受けるのです。

たかが捻挫と思っていたら、二分靭帯が付着部分の骨、踵骨、立方骨、舟状骨で立方骨ごと剥がれることもあり、こうなると○○骨剥離骨折もしくは裂離骨折の傷病名となります。
診断は、XP検査が中心ですが、小さな剥離骨折では、CTが効果的です。

二分靭帯損傷で、損傷部が腫れ上がっているときは、足関節の捻挫と見分けがつきません。
しかし、整形外科医が丁寧に触診すれば、足関節と二分靭帯は部位が違うので鑑別ができるのです。

治療としては、最初はギプス固定、次に包帯固定に切り替えて2〜3週間もすれば、腫脹や痛みは緩和され、後遺障害を残すことなく治癒します。

剥離骨折の治療は約4〜6週のギプス固定となりますが、骨片が大きければ固定術が選択されます。
しかし、ここでのテーマは、足関節捻挫と診断され、パップ剤のみで放置されていることです。

●足の障害

MRIで二分靭帯の損傷や断裂が確認されたときは、歩行時の疼痛が後遺障害の対象になります。

二分靭帯損傷における後遺障害のキモ？

1）受傷から2カ月以内の相談であれば、医大系の整形外科、スポーツ外来の専門医を紹介して、治癒することを目標とします。しかし、受傷から6カ月が経過しているときは、疼痛で14級9号もしくは12級13号の獲得をめざします。
本来であれば、治癒させることが、当然の目標です。

2）靭帯や腱の張力による裂離骨折、例えば、踵骨前方突起骨折は、足関節を捻挫したときに合併することが多い骨折でもあります。

足関節の強い内返し捻挫により、踵骨前方突起に付着する二分靭帯に強力な張力が加わり、この靭帯の引っ張りで踵骨前方突起が引き剥がされるように裂離骨折となるのです。
症状は、踵骨前方と舟状骨との間に圧痛や腫脹、皮下出血、荷重歩行時の疼痛などが現れます。
また足関節の内反や底屈動作を行うと疼痛が誘発されます。
治療は、4～6週のギプス固定が行われ、予後は良好で、後遺障害を残すこともありません。

3）では、単なる足関節捻挫と診断され、本骨折を見逃されると、どうなるのか？

見逃されたまま陳旧化すると、当然に疼痛が長期化します。
専門医であれば、陳旧例に対して、ステロイド剤や局所麻酔剤などの注射による保存療法が選択され、それでも疼痛が改善しないときは、裂離した骨片の摘出術が施行されます。

しかし、6カ月を超えていれば、症状固定を選択、疼痛と機能障害で後遺障害の獲得をめざします。
専門医の治療は、本件の損害賠償が決着してから、健保適用で行います。

79　足根骨の骨折　踵骨前方突起骨折（しょうこつぜんぽうとっきこっせつ）

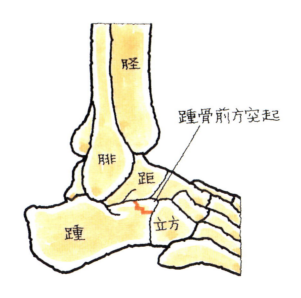

立方骨圧迫骨折に次いで、足関節捻挫として見逃されるものに、踵骨前方突起骨折があります。
大きな外返し捻挫に伴う外力と、踵骨前方突起に付着している二分靭帯の張力が作用して前方突起部が裂離骨折するのです。同じ作用が舟状骨や立方骨に働いたときは、これらの骨が骨折します。

歩行中、自転車、バイクVS自動車の衝突で、足の外返し捻挫したときに発症しています。
足の外側が大きく腫れ、直後は、激痛で歩行することができない症状が特徴です。
受傷直後、足関節捻挫と診断され、その後の経過で腫れもひき、痛みも軽くはなったが、体重をかける、足を捻ると、疼痛を発症するときは、この骨折が疑われます。

距骨外側突起骨折、立方骨圧迫骨折は、足関節捻挫と誤診され、看過されやすい骨折です。
側面XPでは、距骨と重なるところから、見落とされる可能性が高いのです。
踵骨前方突起骨折は、前方突起縁の二分靭帯付着部の裂離骨折ですが、近位の二分靭帯損傷と誤診されることも多いのです。
外側靭帯や二分靭帯の断裂と診断されても、3週間以上も疼痛と腫脹が続くようなら、専門医を受診、XP、CTで圧痛部位を中心として、踵骨前方突起、立方骨関節面、距骨外側突起先端を詳細に検証しなければなりません。

踵骨前方突起は内返しで剥離骨折、外返しで距骨と衝突して圧迫骨折を起こす、側面X線写真で距骨と重なり見落とされ、難治性の捻挫として長期に加療されることがある。

初期であれば、3週間程度のギプス固定により、後遺障害を残すことなく完治するものです。
陳旧例では、外側縦アーチを保持する、幅広の硬性アーチサポートを装着します。

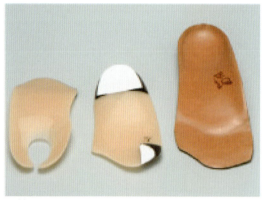

硬性アーチサポートとは、靴の中敷きのことです。

それでも、疼痛が改善しないときは、偽関節では骨接合術や骨片切除などのオペ適応となります。

踵骨前方突起骨折における後遺障害のキモ？

大きな捻挫として見過ごされることがほとんど？
それを狙っているのではありませんが、踵骨前方突起骨折は、大きな捻挫として見過ごされ、放置され陳旧化することがほとんどなのです。
見逃されたまま陳旧化すると、当然に疼痛や、それを原因とする機能障害を残しています。

専門医であれば、陳旧例に対して、ステロイド剤や局所麻酔剤などの注射による保存療法が選択され、それでも疼痛が改善しないときは、裂離した骨片の摘出術が施行されます。

しかし、6カ月を超えていれば、症状固定を選択、疼痛と機能障害で後遺障害の獲得をめざします。
専門医の治療は、本件の損害賠償が決着してから、健保適用で行います。
なぜ？　12級7号が14級9号に格下げされるからです。

最近の経験則ですが、放置された踵骨前方突起骨折で、12級7号を獲得しています。
36歳男性会社員で、前年度の年収は、578万7200円です。
連携弁護士は、後遺障害慰謝料で290万円、
逸失利益は、578万7200円 × 0.14 × 14.0939 ＝ 1141万9000円
後遺障害部分の損害は、1431万9000円となりました。

これが14級となれば、
後遺障害慰謝料が110万円、
逸失利益は、578万7200円 × 0.05 × 7.7217 ＝ 223万4000円、
後遺障害部分の損害は、333万4000円に目減りするのです。
そんなことが、専門家として許せますか？

●足趾の障害

80 足趾の骨折　基節骨骨折(きせつこつこっせつ)

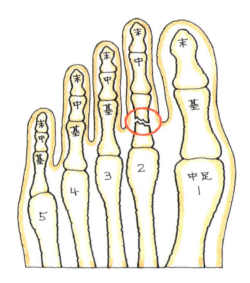

交通事故における足趾の骨折は、歩行者と自転車、二輪車、軽四輪トラックの運転者がほとんどで、それも夏に多発していましたが、近年、クロックスなどの普及で季節感はなくなりつつある傾向です。
それでは、足趾の骨折について解説いたします。

足趾の骨は、親趾では基節骨と末節骨の2つ、他の趾では基節骨、中節骨と末節骨の3つで構成されており、これは手指と一致しています。

症状としては、骨折部位の圧痛・腫脹・皮下出血が認められ、骨折はXP検査で確認できます。
足趾の強打・突き指による骨折の多くは、骨転位のないものが多く、テーピングとアルミ製の副子で固定し、3週間の患部の安静を確保することができれば、後遺障害を残すことなく治癒します。

第5基節骨骨折に対し、アルミプレートを足に合わせて加工します。
第4趾を添え木代わりとして固定します。

●足趾の障害

後遺障害が議論されるのは、粉砕骨折、挫滅骨折などで転位の大きいものです。
中足骨骨折や中節骨・末節骨折を伴う多発骨折で、一部が開放性のもの、転位・変形の大きいものでは、矯正による整復固定後に再転位する可能性が高く、それを防止する観点から、長期間の固定が行われることになり、結果として足趾関節が拘縮をきたすことも予想されます。

交通事故を原因とした足趾の骨折では、基節骨に多発していますが、中節骨や末節骨の骨折であっても、治療や後遺障害の対応に違いはありません。

81　足趾の骨折　中足骨骨折

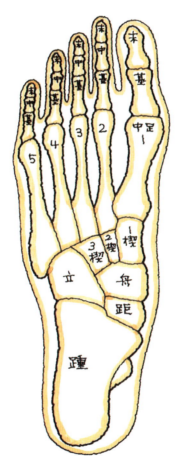

交通事故では、自動車のタイヤに踏みつけられた、重量物が足に落下したで、発症しています。
上記の事故発生状況では、ほとんどで、複数の中足骨が骨折しています。
複数の中足骨に、転位のある骨折をしたときや、1本の中足骨が3つ以上に粉砕骨折したときは、オペによる固定術となります。

82　足趾の骨折　第5中足骨基底部骨折＝下駄骨折

下駄が庶民の履物であった時代に、多発した骨折であることから下駄骨折と呼ばれます。
もちろん、現在でも、足が捻転したときに、この骨折が発生しており、第5中足骨基部骨折とは、小趾側の甲にある中足骨の根元が骨折したものです。

下駄骨折は、足部を内返しする捻挫で発症する外傷性骨折で、比較的高頻度で発生しています。
この後に説明するジョーンズ骨折の部位より足首に近いところを骨折します。

交通事故で跳ね飛ばされる、段差を踏み外す、また傾斜のある路面に転落し足を捻挫したときに、足関節の内反強制が加わると、第5中足骨基底部に付着する短腓骨筋腱が引き伸ばされ、その腱の牽引力と第5中足骨に加わる捻転力により、捻じ切れるような感じで骨折を生じます。
足関節の内反強制で骨折するため、足関節捻挫に注目され、この骨折が見逃されることがあります。

治療は、徒手整復できるものでは、4～6週の固定を施行します。
徒手では整復困難な転位が認められるときは、オペによる整復・固定処置が行われます。

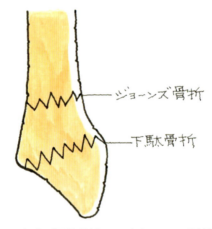

Aの部分が下駄骨折、Bがジョーンズ骨折です。

83　足趾の骨折　ジョーンズ骨折、Jones骨折＝第5中足骨骨幹端部骨折

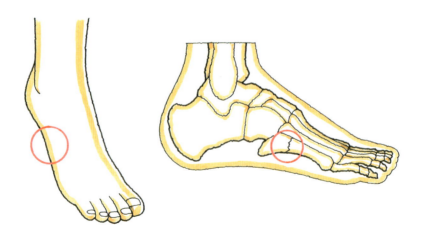

ジョーンズ骨折は、つま先立ちの姿勢で足を捻挫したときに、第5中足骨の基部に発症する骨折です。
この骨折は、サッカー、ラグビー、バスケットボールなど、走っている最中に方向転換をする際、前足部でブレーキをかけて捻る動作を繰り返すうちに、第5中足骨の後方端と骨幹部の境界辺りに物理的ストレスが蓄積し、徐々に疲労性の骨折を生じると考えられていますが、交通事故でも経験しています。
ジョーンズ骨折は、骨折部の癒合が悪く、偽関節に陥りやすい骨折であり、やや難治性です。

●足趾の障害

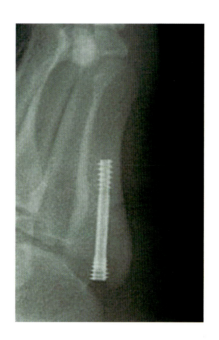

骨癒合が不良のときは、低周波や超音波による骨癒合促進刺激を実施し経過観察となりますが、多くは、スクリュー固定が行われています。

84　足趾の骨折　種子骨骨折（しゅしこつこっせつ）

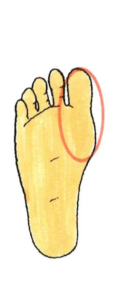

種子骨は、親趾付け根裏の屈筋腱内にある2つの丸い骨であり、種子骨の周辺には筋肉や腱が集まり、これらの筋肉や腱が効率よく動くことを助けています。

種子骨の骨折は、歩行中に交通事故による外力で踏み込みが強制されて、母趾球を強く打撲したときに発生しています。

症状が進行すると足を地面につけただけでも痛みがあり、歩行も困難になってきます。

足を安静下におき、足の裏にかかる負担を軽減するために柔らかい素材のパッドを靴の中に入れて使用します。パッドは母趾球部がくり抜かれており、体重をかけたときに圧力がかかりません。
大多数は、改善しますが、効果が得られないときは、オペにより内側の種子骨を摘出しています。

足趾の骨折における後遺障害のキモ？

1）打撲や捻挫で後遺障害が認定されることはありません。
脱臼や骨折、靭帯断裂など、器質的損傷をCT、MRIの撮影で立証しなければなりません。
もちろん、受傷から2カ月以内に立証しないと、事故との因果関係で非該当にされます。

2）足趾の機能障害は、手指よりも厳しい審査基準であることを承知しておくことです。
手指では、MCPあるいはPIP関節が健側に比して2分の1以下に制限されていることが、関節機能障害の認定要件でしたが、足趾では、このルールが適用されるのは親趾と第2趾だけです。
第3～5趾は、完全強直もしくは完全麻痺でないと、等級の認定はありません。

第5趾の中足骨粉砕骨折により、第5趾のMTP関節が2分の1以下に制限された？
これは、認定基準に達しておらず、非該当になり、無駄な立証努力となります。

※足趾の関節は、親趾では、指先に近い方からIP、MTP関節、その他の足趾にあっては、趾先に近い方からDIP、PIP、MTP関節と呼ばれています。
これが手指となると、親指では、IP、MCP関節、その他の手指にあっては、指先に近い方からDIP、PIP、MCP関節と呼ばれています。

3）現実的には、足趾の後遺障害は関節の機能障害よりも痛みの神経症状で14級9号、12級13号の獲得をめざすことが多くなります。
12級13号であれば、骨癒合の不良もしくは変形癒合を緻密に立証しなければなりません。
2方向のXPだけでなく、3DCTによる立証が有用です。

4）整形外科・開業医では対応できないこともあります。

主治医に不審を感じたときは、ネットで、「日本足の外科学会」を検索、専門医が紹介されていますので、精査受診を急がなければなりません。
http://www.jssf.jp/general/hospital/index.html

85　下腿骨の切断、足趾の切断

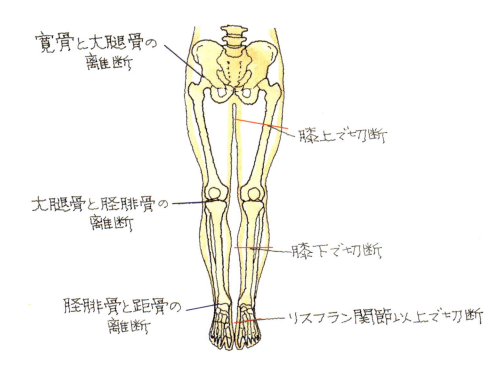

ヒトの下肢は、大腿骨、脛・腓骨の下腿骨、足部の足根骨、中足骨で構成されています。

1）下肢の欠損障害
下肢の欠損障害は、以下の3つに分類されています。
①下肢を膝関節以上で失ったもの、
②下肢を足関節以上で失ったもの、
③リスフラン関節以上で失ったもの、

①下肢を膝関節以上で失ったもの？
ⅰ股関節において、寛骨と大腿骨とを離断したもの、
ⅱ股関節と膝関節との間において、切断したもの、
ⅲ膝関節において、大腿骨と脛骨および腓骨とを離断したもの、

しかし、離断は、1回も経験したことがありません。

等級	内容
1級5号	両下肢を膝関節以上で失ったもの、
4級5号	1下肢を膝関節以上で失ったもの、

過去に、右大腿骨頭部から下を切断した被害者を担当したことがあります。
この被害者は、右大腿骨のほとんどを失った結果、義肢をはめ込むソケット部分がなく、義足を装着することができなくなりました。
職業は住職でしたが、両松葉杖に頼ることになり、お墓に詣でてお経を上げることもできず、義足に比較すれば、大きな支障を残しました。

当時は、保険調査員であり、4級5号に疑問を感じることはなかったのですが、今なら、弁護士を通じて、後遺障害慰謝料や逸失利益の積み増しを求めることになります。

切断肢では、被害者の職業と、それに伴う支障の大きさに注目しなければなりません。

②下肢を足関節以上で失ったもの？
ⅰ膝関節と足関節との間で切断したもの、
ⅱ足関節において、脛骨、腓骨と距骨とを離断したもの、

足関節以上でも、離断は、1回も経験していません。

等級	内容
2級4号	両下肢を足関節以上で失ったもの、
5級5号	1下肢を足関節以上で失ったもの、

③リスフラン関節以上で失ったもの？
ⅰ足根骨（腓骨、距骨、舟状骨、立方骨および3つの楔状骨）において切断したもの、
ⅱリスフラン関節において中足骨と足根骨とを離断したもの、
やはり、離断の経験はありません。

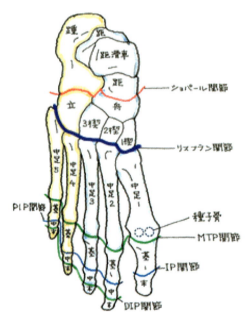

リスフラン関節は、足根骨と中足骨の間の関節で、上図の青線部分です。
日常生活で、動くことの無い関節ですが、ジャンプして着地するときなど、足に体重がかかるときに、衝撃をやわらげる、クッションの役割を果たしています。

等級	内容
4級7号	両足をリスフラン関節以上で失ったもの、
7級8号	1足をリスフラン関節以上で失ったもの、

2) 足趾の欠損障害

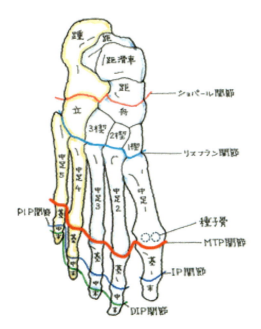

足趾を失ったものとは、その全部を失ったもののことで、具体的には中足趾節関節、赤線以下を失ったものを言います。

等級	内容
5級8号	両足の足趾の全部を失ったもの、
8級10号	1足の足趾の全部を失ったもの、
9級14号	1足の第1の足趾を含み2以上の足趾を失ったもの、
10級9号	1足の第1の足趾または他の4の足趾を失ったもの、
12級11号	1足の第2の足趾を失ったもの、第2の足趾を含み2の足趾を失ったものまたは第3の足趾以下の3の足趾を失ったもの、
13級9号	1足の第3の足趾以下の1または2の足趾を失ったもの、

いわゆる足趾の切断では、
ⅰ 第1足趾の末節骨の長さの2分の1以上を失ったもの、
ⅱ その他の足趾では、中節骨もしくは基節骨を切断したもの、
ⅲ 遠位趾節間関節もしくは近位趾節間関節において離断したもの、

上記が後遺障害の対象であり、足趾の用を廃したものとして捉えられています。

足趾の機能障害による後遺障害等級	
7級11号	両足の足趾の全部の用を廃したもの、 親趾にあっては、末節骨の長さの2分の1以上を、その他の足趾にあっては末関節以上を失ったもの、親趾および第2趾では、中足指節関節または趾関節に健側に比して運動可能領域が2分の1以下に制限されたもの、第3・4・5趾にあっては完全強直または完全麻痺のもの、
9級15号	1足の足趾の全部の用を廃したもの、
11級9号	1足の親趾を含み2以上の足趾の用を廃したもの、
12級12号	1足の親趾または他の4の足趾の用を廃したもの、
13級10号	1足の第2の足趾の用を廃したもの、第2の足趾を含み2の足趾の用を廃したものまたは第3の足趾以下の3の足趾の用を廃したもの、
14級8号	1足の第3の足趾以下の1または2の足趾の用を廃したもの、

総もくじ

交通事故後遺障害の等級獲得のために 〈別巻〉

後遺障害とはなにか？
1 後遺症と後遺障害？
2 いつ、申請できるの？
3 どこが、等級を認定するの？
4 申請は、保険屋さんにお任せする事前認定か、それとも被害者請求か？
5 後遺障害診断書には、なにを書いてもらえばいいの？
6 問題点　医師は後遺障害を知らない？
7 問題点　後遺障害診断書は、一人歩きする？
8 問題点　後遺障害を損害賠償で捉えると？
9 交通事故110番からのご提案
10 弁護士の選び方、法律事務所なら、どこでもいいのか、Boo弁？

等級認定の3原則
1 後遺障害等級認定における準則とは？
2 後遺障害等級認定における序列とは？
3 後遺障害等級認定における併合とは？
4 後遺障害等級における相当とは？
5 後遺障害等級における加重とは？
6 後遺障害等級表

関節の機能障害の評価方法および関節可動域の測定要領
1 関節可動域の測定要領
2 各論　部位別機能障害

精神・神経系統の障害 〈Ⅰ巻〉
1 背骨の仕組み
2 外傷性頚部症候群
3 外傷性頚部症候群の神経症状について
4 バレ・リュー症候群と耳鳴り、その他の障害について？
5 腰部捻挫・外傷性腰部症候群？
6 外傷性腰部症候群の神経症状？
7 腰椎横突起骨折
8 上腕神経叢麻痺
9 中心性頚髄損傷
10 環軸椎脱臼・亜脱臼
11 上位頚髄損傷　C1/2/3
12 横隔膜ペーシング
13 脊髄損傷
14 脊髄不全損傷＝非骨傷性頚髄損傷
15 脊髄の前角障害、前根障害
16 脊髄の後角障害、後根障害
17 バーナー症候群
18 脊髄空洞症
19 頚椎症性脊髄症？
20 後縦靱帯骨化症　OPLL
21 腰部脊柱管狭窄症？
22 椎骨脳底動脈血行不全症
23 腰椎分離・すべり症
24 胸郭出口症候群
25 頚肩腕症候群　肩凝り・ムチウチ
26 複合性局所疼痛症候群　CRPS
27 低髄液圧症候群＝脳脊髄液減少症＝CSFH
28 軽度脳外傷　MTBI
29 梨状筋症候群
30 線維筋痛症
31 仙腸関節機能不全　AKA
32 過換気症候群

頭部外傷・高次脳機能障害 〈Ⅰ巻〉
1 頭部外傷　頭部の構造と仕組み
2 頭部外傷　高次脳機能障害認定の3要件
3 頭部外傷　左下顎骨骨折、左頬骨骨折、左側頭葉脳挫傷
4 頭部外傷　左側頭骨骨折・脳挫傷
5 頭部外傷　急性硬膜外血腫
6 頭部外傷　前頭骨陥没骨折、外傷性てんかん
7 頭部外傷　びまん性軸索損傷　diffuse axonal injury：DAI
8 頭部外傷　脳挫傷＋対角線上脳挫傷＝対側損傷
9 頭部外傷　外傷性くも膜下出血
10 頭部外傷　外傷性脳室出血
11 頭部外傷　急性硬膜下血腫
12 頭部外傷　慢性硬膜下血腫
13 頭部外傷　脳挫傷＋頭蓋底骨折＋急性硬膜下血腫＋外傷性くも膜下出血＋びまん性軸索損傷
14 高次脳機能障害チェックリスト

眼の障害 〈Ⅰ巻〉
1 眼の仕組みと後遺障害について
2 眼瞼＝まぶたの外傷
3 外傷性眼瞼下垂
4 動眼神経麻痺
5 ホルネル症候群
6 外転神経麻痺
7 滑車神経麻痺
8 球結膜下出血
9 角膜上皮剥離
10 角膜穿孔外傷
11 前房出血
12 外傷性散瞳
13 涙小管断裂
14 外傷性虹彩炎
15 虹彩離断
16 水晶体亜脱臼
17 水晶体脱臼、無水晶体眼
18 外傷性白内障
19 眼窩底破裂骨折
20 視神経管骨折
21 硝子体出血
22 外傷性網膜剥離
23 網膜振盪症
24 外傷性黄斑円孔
25 眼底出血　網膜出血・脈絡膜出血
26 眼球破裂
27 続発性緑内障

耳・鼻・口・醜状障害 〈Ⅱ巻〉

耳の障害
1 耳の構造
2 外耳の外傷・耳介血腫
3 耳介裂創
4 耳垂裂
5 耳鳴り
6 外傷性鼓膜穿孔
7 流行性耳下腺炎
8 側頭骨骨折
9 頭蓋底骨折
10 騒音性難聴
11 音響性外傷

鼻の障害
1 鼻の構造と仕組み
2 鼻骨骨折
3 鼻篩骨骨折
4 鼻軟骨損傷
5 鼻欠損
6 嗅覚脱失

口の障害
1 口の構造と仕組み
2 顔面骨折・9つの分類
3 頬骨骨折・頬骨体部骨折
4 頬骨弓骨折
5 眼窩底骨折
6 上顎骨骨折
7 下顎骨折
8 味覚脱失
9 嚥下障害
10 言語の機能障害　反回神経麻痺
11 特殊例・気管カニューレ抜去困難症

醜状の障害
1 醜状障害

上肢の障害　〈Ⅱ巻〉

肩・上腕の障害
1 上腕神経叢麻痺
2 肩関節の仕組み
3 鎖骨骨折
4 肩鎖関節脱臼
5 胸鎖関節脱臼
6 肩腱板断裂
7 腱板疎部損傷
8 肩甲骨骨折
9 SLAP損傷＝上方肩関節唇損傷
10 肩関節脱臼
11 反復性肩関節脱臼
12 肩関節周囲炎
13 変形性肩関節症
14 上腕骨近位端骨折
15 上腕骨骨幹部骨折
16 上腕骨遠位端骨折
　（1）上腕骨顆上骨折　（2）上腕骨外顆骨折
17 フォルクマン拘縮

肘・前腕の障害
18 テニス肘　上腕骨外側上顆炎、上腕骨内側上顆炎
19 肘関節と手関節、橈骨と尺骨の仕組み
20 肘関節脱臼
21 肘頭骨折
22 尺骨鉤状突起骨折
23 変形性肘関節症
24 右肘内側側副靭帯損傷？
25 橈・尺骨幹部骨折
26 橈骨頭・頚部骨折
27 モンテジア骨折
28 ガレアッチ骨折
29 橈骨遠位端骨折、コーレス骨折、スミス骨折
30 バートン骨折
31 ショーファー骨折＝橈骨茎状突起骨折
32 尺骨茎状突起骨折

神経痺の障害
33 肘部管症候群
34 正中神経麻痺
35 前骨間神経麻痺
36 手根管症候群
37 橈骨神経麻痺
38 後骨間神経麻痺
39 尺骨神経麻痺
40 ギヨン管症候群
41 ズディック骨萎縮　Sudeck骨萎縮

手・手根骨・手指の障害
42 手の仕組み
43 右手首の腱鞘炎と前腕部の炎症
　（1）ド・ケルバン病　（2）ばね指
44 手根骨の骨折　有鉤骨骨折
45 手根骨の骨折　有頭骨骨折
46 手根骨の骨折　舟状骨骨折
47 手根骨の骨折　月状骨脱臼
48 手根骨の骨折　舟状・月状骨間解離
49 手根骨の骨折　三角・月状骨間解離
50 キーンベック病＝月状骨軟化症
51 手根骨の骨折　手根不安定症
52 手根骨骨折のまとめ
53 手根骨の骨折　TFCC損傷
54 手指の各関節の側副靭帯損傷
　　親指MP関節尺側側副靭帯の損傷＝スキーヤーズサム
55 手指伸筋腱損傷
56 手指の伸筋腱脱臼
57 手指の屈筋腱損傷
58 手指の脱臼と骨折　中手骨頚部骨折
59 手指の脱臼と骨折　中手骨基底部骨折
60 手指の脱臼と骨折　中手骨骨幹部骨折
61 手指の脱臼と骨折　ボクサー骨折
62 手指の脱臼と骨折　PIP関節脱臼骨折
63 手指の脱臼と骨折　マレットフィンガー＝槌指
64 手指の脱臼と骨折　親指CM関節脱臼
65 クロスフィンガー
66 突き指のいろいろ
67 手指の靭帯・腱損傷および骨折における後遺障害のキモ
68 参考までに、手指の欠損について

下肢の障害　〈Ⅲ巻〉

骨盤骨の障害
1 骨盤骨　骨盤の仕組み
2 骨盤骨折・軽症例
　（1）腸骨翼骨折　（2）恥骨骨折・坐骨骨折　（3）尾骨骨折
3 骨盤骨折・重症例
　（1）ストラドル骨折、マルゲーニュ骨折
　（2）恥骨結合離開・仙腸関節脱臼
4 骨盤骨折に伴う出血性ショック　内腸骨動脈損傷

股関節の障害
5 股関節の仕組み
6 股関節後方脱臼・骨折
7 股関節中心性脱臼
8 外傷性骨化性筋炎
9 変形性股関節症
10 ステム周囲骨折
11 股関節唇損傷
12 腸腰筋の出血、腸腰筋挫傷

大腿骨の障害
13 大腿骨頚部骨折
14 大腿骨転子部・転子下骨折
15 大腿骨骨幹部骨折
16 大腿骨顆部骨折
17 梨状筋症候群

膝・下腿骨の障害
18 膝関節の仕組み
19 膝関節内骨折　脛骨顆部骨折
　　脛骨近位端骨折、脛骨高原骨折、プラトー骨折
20 脛骨と腓骨の働き、腓骨って役目を果たしているの？
21 脛骨顆間隆起骨折
22 膝蓋骨骨折？
23 膝蓋骨脱臼
24 膝蓋骨骨軟骨骨折・スリーブ骨折
25 膝離断性骨軟骨炎
26 膝蓋前滑液包炎
27 膝窩動脈損傷？
28 腓骨骨折
29 脛・腓骨骨幹部開放性骨折
30 下腿のコンパートメント症候群
31 変形性膝関節症？
32 腓腹筋断裂　肉離れ
33 肉離れ、筋違いと捻挫、腸腰筋の出血、腸腰筋挫傷

199

34 半月板損傷
靭帯損傷の障害
35 ACL 前十字靭帯損傷
36 PCL 後十字靭帯損傷
37 MCL 内側側副靭帯損傷
38 LCL 外側側副靭帯損傷
39 PLS 膝関節後外側支持機構の損傷
40 複合靭帯損傷
神経麻痺の障害
41 座骨・腓骨・脛骨神経麻痺って、なに？
42 坐骨神経麻痺
43 脛骨神経麻痺
44 腓骨神経麻痺
45 深腓骨神経麻痺＝前足根管症候群
46 浅腓骨神経麻痺
47 仙髄神経麻痺
足の障害
48 足の構造と仕組み
49 右腓骨遠位端線損傷
50 右足関節果部骨折
51 足関節果部脱臼骨折、コットン骨折
52 アキレス腱断裂
53 アキレス腱滑液包炎
54 足関節不安定症
55 足関節に伴う靭帯損傷のまとめ
56 足関節離断性骨軟骨炎
57 右腓骨筋腱周囲炎
58 変形性足関節症
59 足の構造と仕組み
60 足根骨の骨折　外傷性内反足
61 足根骨の骨折　距骨骨折
62 足根骨の骨折　右踵骨不顕性骨折
63 足根骨の骨折　踵骨骨折
64 足根骨の骨折　距骨骨軟骨損傷
65 足根骨の骨折　足根管症候群
66 足根骨の骨折　足底腱膜断裂
67 足根骨の骨折　足底腱膜炎
68 モートン病、MORTON病
69 足根洞症候群
70 足根骨の骨折　ショパール関節脱臼骨折
71 足根骨の骨折　リスフラン関節脱臼骨折
72 足根骨の骨折　リスフラン靭帯損傷
73 足根骨の骨折　第1楔状骨骨折
74 足根骨の骨折　舟状骨骨折
75 足根骨の骨折　有痛性外脛骨
76 足根骨の骨折　舟状骨裂離骨折
77 足根骨の骨折　立方骨圧迫骨折＝くるみ割り骨折
78 足根骨の骨折　二分靭帯損傷
79 足根骨の骨折　踵骨前方突起骨折
足趾の障害
80 足趾の骨折　基節骨骨折
81 足趾の骨折　中足骨骨折
82 足趾の骨折　第5中足骨基底部骨折＝下駄骨折
83 足趾の骨折　ジョーンズ骨折、Jones骨折＝第5中足骨幹端部骨折
84 足趾の骨折　種子骨骨折
85 下腿骨の切断、足趾の切断

脊柱・その他の体幹骨の障害　〈Ⅳ巻〉

脊柱の骨折
1 骨折の分類
2 脊柱の圧迫骨折
3 脊柱の圧迫骨折　プロレベル1
4 脊柱の圧迫骨折　プロレベル2
5 脊柱の破裂骨折
その他の体幹骨の骨折
6 肋骨骨折
7 肋骨多発骨折の重症例　外傷性血胸
8 肋骨多発骨折の重症例　フレイルチェスト、Flail Chest、動揺胸郭
9 鎖骨骨折
10 肩鎖関節脱臼
11 胸鎖関節脱臼
12 肩甲骨骨折
13 骨盤骨　骨盤の仕組み
14 骨盤骨折・軽症例
15 骨盤骨折・重症例

胸腹部臓器の障害　〈Ⅳ巻〉

胸部の障害
1 胸腹部臓器の外傷と後遺障害について
2 呼吸器の仕組み
3 肺挫傷
4 皮下気腫、縦隔気腫
5 気管・気管支断裂
6 食道の仕組み
7 外傷性食道破裂
8 咽頭外傷
9 横隔膜の仕組み
10 外傷性横隔膜破裂・ヘルニア
11 心臓の仕組み
12 心膜損傷、心膜炎
13 冠動脈の裂傷
14 心挫傷、心筋挫傷
15 心臓・弁の仕組み
16 心臓・弁の損傷
17 大動脈について
18 外傷性大動脈解離
19 心肺停止
20 過換気症候群
21 肺血栓塞栓
22 肺脂肪塞栓
23 外傷性胸部圧迫症
腹部の障害
24 腹部臓器の外傷
25 実質臓器・肝損傷
26 実質臓器・胆嚢損傷
27 胆嚢破裂
28 管腔臓器・肝外胆管損傷
29 実質臓器・膵臓損傷
30 実質臓器・脾臓
31 管腔臓器・胃
32 外傷性胃破裂
33 管腔臓器・小腸
34 管腔臓器・小腸穿孔
35 管腔臓器・大腸
36 大腸穿孔・破裂
37 腹壁瘢痕ヘルニア
38 腹膜・腸間膜の外傷
39 実質臓器・腎臓
40 腎挫傷、腎裂傷、腎破裂、腎茎断裂
41 尿管・膀胱・尿道
42 尿管外傷
43 膀胱の外傷
44 尿道外傷
45 外傷性尿道狭窄症
46 神経因性膀胱
47 尿崩症
48 脊髄損傷
49 実質臓器・副腎の損傷
50 急性副腎皮質不全
51 男性生殖器
52 女性生殖器

実際に等級を獲得した後遺障害診断書の分類

精神・神経系統の障害
1　頚部捻挫 14 級ドラフト
2　頚部捻挫 12 級ドラフト
3　腰部捻挫 14 級ドラフト
4　腰部捻挫 12 級ドラフト
5　頚椎捻挫、嗅覚障害、耳鳴り
6　中心性頚髄損傷
7　軸椎骨折
8　頚髄損傷、C5/6 頚椎亜脱臼、椎骨動脈損傷、左前額部挫創、脳梗塞

頭部外傷・高次脳機能障害
9　右前頭葉脳挫傷、外傷性くも膜下出血、高次脳機能障害

耳・鼻・口・醜状障害
10　右頬骨骨折、頚椎捻挫
11　頬骨弓骨折、顔面擦過創、外傷後色素沈着、左大腿骨骨幹部骨折、恥・坐骨骨折

上肢の障害
12　左鎖骨骨幹部骨折、左脛骨高原骨折
13　右鎖骨・肩甲骨骨折、右肋骨多発骨折、右橈・尺骨骨折、血気胸
14　左橈骨遠位端骨折
15　右尺骨茎状突起骨折、右橈骨遠位端粉砕骨折、左親指中手骨骨折

下肢の障害
16　右寛骨臼骨折
17　右寛骨臼骨折、右寛骨異所性骨化、鼻部打撲・創傷
18　右大腿骨骨幹部骨折、大腿骨の短縮障害
19　右大腿骨骨折、右膝蓋骨骨折、右後十字靱帯損傷
20　左膝内側側副靱帯損傷、外傷性頚部症候群
21　右腓骨神経麻痺、右下腿コンパートメント症候群
22　右脛・腓骨近位端部開放骨折、術後 MRSA 感染
23　右足関節コットン骨折
24　右脛腓骨骨折、右足関節脱臼骨折、右第 2・4 趾中足骨骨折、右足根骨骨折
25　右踵骨開放骨折
26　左下腿切断、両足デグロービング損傷、右中足骨骨折、右下腿皮膚欠損・創、右肘頭骨折

脊柱・その他の体幹骨の障害
　27　L1 圧迫骨折
　28　第5腰椎破裂骨折、馬尾神経損傷、左脛・腓骨骨折、右リスフラン関節脱臼骨折

胸腹部臓器の障害
　29　仙骨骨折、恥骨骨折、骨盤骨折、左前額部醜状瘢痕、右膝肥厚性瘢痕と外傷性刺青、左膝瘢痕
　30　左精巣損傷、右肩腱板断裂

〈交通事故相談サイト jiko110.com のご案内〉

交通事故110番は、被害者の1日も早い社会復帰と、実利の獲得を目標としています。

7000ページを超える圧倒的なコンテンツの情報発信で、交通事故外傷と後遺障害に迫ります。
ホームページによる情報発信と無料相談メールのNPO活動は、10年目に突入します。

「加害者や保険屋さんに誠意を求めるのは、
八百屋さんで魚を買い求めるに等しい！」
と一刀両断に斬り捨てています。

被害者は、実利の獲得に向けて、
Study & Stand Together ！
学習して、共に立ち上がるのです。そのための支援は惜しみません。
詳しくは、以下のサイトをご覧ください。
URL　http://www.jiko110.com

jiko110.com「交通事故 110 番」

住　所　〒520-0246　滋賀県大津市仰木の里6丁目11-8
ＴＥＬ　077-571-0600　　ＦＡＸ　077-571-6155
ＵＲＬ　http://www.jiko110.com　　メール　info@jiko110.com
責任者　宮尾　一郎

イラスト　齋藤　徹

交通事故外傷と後遺障害全322大辞典Ⅲ
下肢の障害

2016年11月15日　初刷発行

著　者　Ⓒ宮尾　一郎
発行者　竹　村　正　治

発行所　株式会社かもがわ出版
　　　　〒602-8119　京都市上京区堀川通出水西入
　　　　TEL 075(432)2868　FAX 075(432)2869　振替01010-5-12436
　　　　ホームページ　http://www.kamogawa.co.jp/

印　刷　シナノ書籍印刷株式会社

ISBN978-4-7803-0869-3　C3332

著作権者　NPO jiko110.com「交通事故110番」
Ⓒ 7/may/2009 NPO jiko110.com Printed in Japan
本書は著作権上の保護を受けています。本書の一部あるいは全部について、NPO jiko110.comから文書による承諾を受けずにいかなる方法においても無断で複写、複製することは禁じられています。